선과 악의 걸작

박인홍 여섯 번째 산문집

| 추천사 |

사유의 빛, 시대의 어둠을 가르다

(시인 · 문학평론가 · 문학박사) 지은경

박인홍 작가의 산문집은 선과 악, 빛과 어둠, 진리와 위선이 교차하는 경계에서 태어난 치열한 사유의 기록이다. 그의 문장은 쇼펜하우어의 염세, 니체의 초인 사상, 공자의 도덕, 데카르트의 고뇌, 그리고 한나 아렌트의 정치철학까지 아우르며, 동서양의 사상적 거인들을 한 자리에 불러낸다.

쇼펜하우어는 인간 존재를 욕망의 굴레에 묶인 비극적 존재로 보았고, 그 욕망의 노예가 된 이성을 경멸했다. 박인홍 작가의 글에서도 불의와 위선을 경멸하는 날카로운 시선이 겹쳐진다. 공자의 유교 사상은 수백 년간 우리 정신문화의 뿌리가 되었지만, 시대의 변곡점마다 윤리의 몰락을 경험한 우리 사회는 다시금 그의 가르침을 되새길 필요가 있다. 니체는 억압적 도덕과 전통을 넘어서는 초인을 제시했고, "신은 죽었다"라는 선언으로 새로운 가치 창조의 길을 열었다. 저자는 니체의 외침을 오늘의 독자에게 전하며, 기만과 속박을 넘어 진정한 자유를 찾으라고 호소한다.

데카르트의 "나는 생각한다, 고로 존재한다"는 명제는 사유하는 인간의 존엄을 일깨우며, 한나 아렌트는 생각하지 않는 인간이 악의 근원이 된다고 경고했다. 박인홍 작가 또한 무사유無思惟의 시대가 낳는 부도덕과 폭력을 직시하며, 인간다움의 마지막 보루를 지키려는 글쓰기를 멈추지 않는다.

  오늘의 사회는 고도화된 문명 속에서 오히려 도덕을 잃어버렸다. 타인을 짓밟고 나만 잘 되면 된다는 냉혹함, 예의와 도리를 외면한 무례함, 출세 앞에서 부끄러움조차 잃어버린 풍경이 일상화되었다. 심지어 부모의 은혜마저 계산대 위에 올려놓는 세태 앞에서, 저자는 더 이상 침묵하지 않는다. 그는 붓을 칼처럼 들어, 부도덕한 자들의 위선적 가면을 찢어내고 시대의 어둠을 가르는 도덕의 횃불을 밝힌다.

  박인홍 작가의 산문집은 단순한 철학적 사색이 아니다. 그것은 시대의 병폐를 향한 도덕적 항변이며, 사라져가는 인간다움에 대한 간절한 호소다. 독자는 그의 글을 통해 사유하지 않는 인간이 얼마나 쉽게 악에 무너지는지를 깨닫게 하며, 동시에 잃어버린 윤리의 언어를 되찾게 한다. 이 책은 우리 시대에 주어진 경고이자, 인간다운 삶으로 나아가야 한다는 뜨거운 요청이다.
  책은 단순한 산문집이 아니라, 치열하게 사유하는 인간만이 쓸 수 있는 시대의 기록이다.

2025년 9월
북한산 자락에서

| 책을 내며 |

하늘이 보고 땅이 다 안다

사람은 태어날 때부터 선인이나 악인으로 구별되어 세상에 나오는 것이 아닙니다. 그러나 각자의 교육과 성장 환경, 처한 상황에 따라 의지력과 자제력의 차이가 생기고, 이는 결국 양심의 판단 앞에서 각기 다른 길을 걷게 만듭니다.

우리는 보고 듣고 배운 것을 바탕으로 바르게 처신하고, 각자의 위치에서 의무와 책임을 다함으로써 서로 간의 신뢰와 믿음을 쌓아가야 합니다. 이러한 소통이야말로 보람 있는 사회를 만들어 가는 첫걸음이 될 것입니다.

인류가 건강하고 평화로운 삶을 다음 세대에까지 이어가기 위해서는, 더 많은 것을 소유하고 지배하려는 욕망을 절제할 필요가 있습니다. 과거와 현재를 돌아보며 미래를 걱정하는 오늘, 이제는 서로를 배려하고 양보하며, 믿음과 신뢰를 바탕으로 자비롭고 풍요로운 사회를 함께 만들어가야 할 때입니다.

이 책은 제가 살아오며 보고 듣고 경험한 것들을 한데 엮은 산문집입니다. 작은 기록 하나하나가 더 좋은 사회를 위한 밑거름이 되기를 진심으로 바랍니다.

2025년 9월
저자 박인홍

차례

박인홍 여섯 번째 산문집 / **선과 악의 걸작**

머리말

추천사

1부 신비로운 우주宇宙

찬란한 세상 12	광적인 탐욕 29
신비로운 우주 14	정의로운 것이란 31
자연의 수칙 16	멈추지 않는다 33
자연에도 모순이 18	허장성세虛張聲勢 35
그렇게 저렇게 20	언쟁의 시절時節 37
선과 악의 걸작 22	그 시절 그때도 40
누가 모르겠느냐 24	목구멍이 혓바닥을
가난과 나 26	삼켜버렸다 42

2부 반성하며 살자

사랑의 본질 46	말言語이 많으면 62
이런저런 고민들 48	아름다운 양심 64
법치국가란 50	아름다운 모습 66
논리대로 주장 52	이런 사회 68
만족의 쉼터 54	신들의 원조元祖 70
불편한 심리 56	최후의 심판대 72
반성하며 살자 58	건강은 아름다운 것 74
듣고 보는 지혜 60	

3부 하늘이 다 보고, 땅이 모두 듣는다

처신處身을	78		원리의 개념槪念	92
마법의 물방울	80		인간들의 사회	94
이럴 수도, 저러할 수도	82		욕심과 양심	96
부질없는 욕심	84		허황된 소리가	98
서로 배려하며 살아가자	86		비난의 대상은	100
하늘이 다 보고,			무아지경	102
땅이 모두 듣는다	88		호시탐탐	104
이런 시대, 그런 세월	90		자업자득自業自得	106

4부 거대한 무덤 지구촌

본인들이 신神이라서	110		메시지의 기준	126
법치국가에서 왜	112		모셔야 살아서 남는다	128
어쩔 수 없는 사회로	114		신이 있다, 없다	130
뻔뻔한 속셈	116		거대한 무덤 지구촌	132
기대치	118		전쟁과 인간	134
양심은 있는가	120		순리順理대로	136
과감한 결심만이	122		신神과 지폐의 권력	138
예, 또는 아니요	124			

5부 지키려면 포기해라

위대한 것 뒤에 추악한 것 142	언어의 가치 158
아무개의 주머니 144	숙명의 두 지배자 160
언어의 책임 146	선택받은 수명壽命이
자연과 생명의 공존 148	아니다 162
호락호락 150	생각의 한계는 거기서 164
광란의 캠퍼스 152	무게의 추에 따라서 166
을乙은 노비奴婢다 154	지키려면 포기해라 168
인간人間이라면 156	사람이란 170

6부 악惡일까 축祝일까

이런 시절도 174	삼천리 방방곡곡 190
염치없이 뻔뻔하다. 176	양심의 거울 192
추잡하고 불결한 행동 178	악惡일까 축祝일까 194
가치는 반대로 인해서 180	제대로 된 욕망慾望 196
여기서 멈추렴 182	요지경으로 가는 세상 198
도망가는 돈 184	어떻게 이런 짓들을 200
서로가 모두가 186	금지된 것들을 탐한 죄罪 202
아름다운 얼굴 188	

7부 자연의 경고警告

지옥문이 열렸다. 206	자연의 경고警告 222
불청객 208	노발대발怒發大發 224
누가 누구에게 210	여정旅程 226
코로나 대감께서 212	추락하는 언어言語 228
행복이란 214	공짜는 없고 가짜는 있다 230
생존과 의지意志 216	지혜智慧 232
원칙과 이치理致 218	습관習慣 234
공정과 평등 220	

8부 심판은 세월이 한다

정체성의 욕구가 238	반성을 252
과학이란? 240	하늘과 땅이 다 듣고 본다 254
인간들은 습관의 242	채울 수 없는 것 256
노예들이다 242	생물의 내구성 258
왜들 그리하나 244	거짓말 260
훌륭한 도구道具 246	영웅과 호걸로 262
심판은 세월이 한다 248	제3의 1%가 되고 싶다 264
현재도 주지육림酒池肉林 250	더불어 살아가는 사회 266

9부 그렇게 한 시절을

관심과 배려配慮 270	그대로 따라서 284
집착의 교도소 272	우리의 부모님 286
주렁주렁 274	그만 멈추거라 288
아름다움이란 276	사람人間이라서 290
마지막 계단階段 278	서로가 292
그렇게 한 시절을 280	우리, 그리고 모두가 294
서럽게 늙지 않으려면 282	

1부 신비로운 우주宇宙

찬란한 세상
신비로운 우주
자연의 수칙
자연에도 모순이
그렇게 저렇게
선과 악의 걸작
누가 모르겠느냐
가난과 나
광적인 탐욕
정의로운 것이란
멈추지 않는다
허장성세虛張聲勢
언쟁의 시절時節
그 시절 그때도
목구멍이 혓바닥을 삼켜버렸다

찬란한 세상

　　이렇게나 아름답고 찬란한 세상에 우리가 살고 있다니 대자연이시어, 창조물의 신이시어, 세상에 나오도록 생명을 주셔서 감사합니다. 어여쁘고 아름다운 새로운 생명의 탄생으로 대지는 눈이 부시게 찬란한 세상으로 빛이 나고 있습니다.

　필요로 하는 것은 다 있고, 없는 것이 없는 이렇게나 신비롭고도 기가 막힌 세상에 나를 태어나게 하시니 만물의 영장이시어 고맙습니다. 그리고 생로병사, 희로애락, 길흉화복, 삼라만상이 존재하는 모든 현상을 지배하시는 곳에도 감사를 올립니다.

　어느 정도의 사람이나 어느 시기에 느껴보는 감정이 되고, 이런 분위기는 얼마나 지속될까?

　물은 낮추면서 살라하며 시범을 보이나 아직까지 따르지를 못하였고, 바람은 막힘없이 사는 법을 알리며 지나가는데, 그 정도의 경지는 멀리서 바라만 볼뿐이고, 하늘은 비우는 법을 가르치고 가지고 있으나 평계를 앞세운 욕심은 물러설 생각이 없는 것 같다.

　청산은 깨끗하고 겸손하게 살라하지만, 볼 것 못 볼 것 다 보고 들을 것 못 들을 것 다 듣고 할 짓 못할 짓 다한 자들도 무언가를 더하고 싶어서 경쟁으로 난장판을 벌인다.

　풍부하다 못해 차고 넘치는 데도 사는 것이 힘들고 각박해져만 가는 것은 인간들의 탐욕이 지나쳐서 이렇게 될 수밖에 없는 현상이리라.

　시간과 세월만이 규칙과 이치대로 원리를 찾아 제자리로 돌아가고, 자연은 모든 것을 빠짐없이 정리整理하여 가는 중이다.

신비로운 우주

낮과 밤은 빛과 그늘의 원작이고, 달빛과 별빛은 영혼들의 쉼터가 되고 있다.

우주의 많고 많은 별들 중에 우리가 살아가는 지구보다 아름답고 신비로운 혜성이 또 있을까? 있다면 어디에 얼마나 될까? 이렇게나 신비로운 세상에 수만 가지가 불로장생할 수 없는 생명체로 나와서 보람 있게 살다가 사라지는 것들은 얼마나 되겠는가. 우주가 생긴 이래로 생명을 갖고 있는 모든 물체들은 동물이건 식물이건 종족 유지의 본능에 따라 최선을 다해왔고, 계속 그렇게 나아가고 있는 것으로 보인다.

먹이와 종種의 번식으로만 살아가는 생명체 중에 유독 새로운 것들을 추구하는 인간이란 동물은 최상의 위치에서 가지고 싶은 것들 다 갖고, 하고 싶은 짓들 다 해도 만족을 모르고 또 다른 사건 사고의 중심에서 능력을 과시하고 있다.

본능적으로 살아가는 동물들과 알면서도 지능적으로 처신하는 인간들과의 차이에서 불편한 것들이 만들어지기 때문에 더러는 세상의 순리에 맞추어 진행하지 못하는 것들이 늘어나고 있으렷다.

개발이라는 구실을 내세워 무분별하게 훼손을 시작으로 자연을 무차별적으로 파괴하는 행동들이 지구라는 땅의 구석구석에서 벌어지므로 계절에 관계없이 대홍수나 대화재 같은 재앙이 연이어 벌어지고 있는 중이다.

죄의 대가가 자손들에게 불편한 대물림으로 이어진다는 이치를 알기나 하고서 하는 짓들인지, 설마라고 하드래도 그런 식으로 만들어가는 위험한 세상에서 본인들의 후손들이 살아야한다는 정도는 알았으면 한다.

자연만은 규칙에 맞춰서 순리대로 질서있게 꾸며 나아가고 있는 것이 사실이니 원칙에 순종하는 생명들은 그 종種이 길이 살아남기 위해서는 어떻게 행동들을 해야 하는 것에는 의심의 여지가 없으렷다.

자연의 수칙

하늘에는 천체의 법칙이 있어서 모든 것들을 지켜보고 있을 것이고, 땅에서는 자연의 원칙과 이치가 있어서 생태계들이 규칙대로 살아가고 있는 것이 아닌가 한다. 절차는 자연의 수칙守則이라서 누구도 무엇도 거스를 수없는 순리대로 원칙이란 해법을 따라서 가는 것이리라.

다만 인간만이 욕심을 관리하지 못하고 무분별하게 파괴하면서 제멋대로 접수를 하다 보니, 자연의 원칙과 해법이 무너지기 시작하면서 가지가지 불안한 사단事端들이 여기저기서 벌어지고 있는 것이다.

모든 생태계가 질서에서 이탈離脫하게 되면서 이것저것 스스로 만들어놓은 재앙으로부터 감당을 못하게 된 인간들은 이런저런 묘안들을 고안해 보면서 이렇게도 저렇게도 안간힘을 써 보지만 뾰족한 묘책이나 대안이 없는 것이어서 난감하고도 난처한 처지로 다가가고 있으렷다.

계절마다 찾아오는 홍수나 가뭄, 또는 지진 같은 재앙들은 무분별한 개발이 원인으로 생겨나는 것들이므로 하늘의 숙명적인 과제를 거스른 것이 원인이라면 더 이상의 욕심들은 버리고, 주변에 가까이 있는 자연의 이치理致부터 세심하게 살펴 따라야 만이 살아남으리라.

    인간들을 제외한 다른 짐승들은 인간보다 뒤떨어지는 지능 대신에 청각, 후각, 시각, 자기장 등등을 우수하게 갖추고 있어 나름대로의 생명들을 이어나가는 것이 아닌가 한다.

    단순한 생각만으로도 꽃이 피고 열매가 열리니까 그런가보다 하지만, 왜 어떻게 해서 가지가지 꽃들이 피어나며 다양한 열매들이 열리는가에 대해서는 자연만의 신비로서 인간은 그 뜻을 제대로 알고자 간섭하기 보다는 의미의 주제로 그대로 두고 보는 것이 좋을 것이다.

    아름다운 자연 안에서 인간들이 그 무엇보다도 소중하다는 것을 인정받고 싶다면 그에 대한 임무와 책임을 다할 때만이 가능한 것이리라.

자연에도 모순이

환상의 영적인 세상과 소통을 지향하고자 희망하는 착하고 성실한 성품의 인간들은 아름다운 자연 속에서 미완성으로 살아가기에 아쉬움으로 남는 것이리라.

대자연의 한쪽 부서라 할 만한 조물주가 만들어가는 생명체들에게도 규칙과 질서라는 체계에서 질서정연하고도 경이롭게 살아가는 자들이 있는가하면 임의로 고의로 잔인하거나 어처구니없는 모순들을 벌여놓아 가는 특이종도 있으렷다.

인간들이나 큰 짐승들한테 밟혀죽는 개미나 지렁이 같은 작은 생명체 쪽에서 입장을 바꿔보면 하나하나 소중한 생명이라는 것이 분명한데 고의故意도 아니고, 실수도 아니면서 순간에 짓이겨져서 사라지는 경우는 모순矛盾이 분명하다.

고의나 실수가 아니래도 살아가는 과정에서 상대 쪽을 희생시켜 먹이로서 생명을 이어나가는 어쩔 수 없는 진행을 자연의 순리라고 해야 하는 것이 모순되는 일관성 같은 생각이 들지만 도태와 대량생산이라는 이치理致 또한 그 부분에 맞춰진 자연의 순리라고 밖에 다른 대안을 못 찾겠다.

어미의 사체를 먹고서 생존하는 어류들이 있는가 하면 부모의 피와 땀으로 성장하는 인간들이 존재하는 이유와 경우도 변명의 여지는 없을 것 같다.

건강에 좋다면서 이것저것 고루고루 먹어대고서 질병에 시달리는 동물들이 있는가 하면 판다라는 곰은 대나무라는 식물 한 가지만 먹고도 건강하고 보기 좋은 모습으로 인기를 누리며 살아간다.

애완용 새들도 조라는 곡식 한 가지만 먹으며 갇혀 지내도 어여쁜 모습과 좋은 목소리를 내면서 잘들 살아가는데, 또 다른 자연의 신비로운 모습들의 법칙을 보게 되는 것이다.

자연의 이치를 거슬릴 줄 모르고 순종하면서 살아가는 야생동물들은 병에 걸리지 않는 편으로 치부를 하고, 병에 걸리는 쪽은 자연의 이치를 거슬리거나 규칙을 위반하는 인간들을 꼽을 수 있을 것이다.

옳고 그름이라는 대지에서 경우와 상식이라는 토대위에 생명들이 저절로 또는 본능을 유지해 살아들 가는 것 또한 대자연의 계율이며 질서가 아닌가한다.

인간들은 경제적 개미군단처럼 살아가고 있지만 개미들처럼 헌신하면서 공동체를 이루는 것이 아니고, 개인들의 사욕을 위해서 위선적인 가면을 쓰고 행동하는 것이다.

그렇게 저렇게

좋은 사람도 싫어하는 인간들이 있고, 나쁜 인간도 좋아하는 사람들이 있으렷다. 고뇌란 불만족에서 생기는 염세적인 취향의 연속성이라 쉽고 간단하게 정리가 안 되는 까다로운 정서적 감정이다.

모든 잡념은 마음속의 생각에서 생기는 것들로 해결책은 오직 굳센 의지意志 뿐이다. 불편했던 감정으로 인해 의지와 투지 그리고 양심까지 처분했기에 모두 다 따라간 줄 알았는데, 심기心氣라는 욕심주머니는 어딘가에 숨어 있다가 슬그머니 나타나서 수작酬酌 패를 만지작거리는 야비한 농간덩어리이기도 하다.

인간들의 생각에서 나오는 욕심주머니가 얼마나 거대한 것인지 행복과 불행, 쓴맛과 단맛, 온갖 세상의 지옥과 천국이 다 들어가고도 남는 자리에는 본인의 스트레스까지 채우는 주머니인데도 필요에 따라서는 늘어났다 오그라졌다 하는데 누구의 것이 크고 누구의 것이 작다고 할 수 없는 마법의 요술주머니가 분명하렷다.

옳고 그른 것들마저 본인의 생각대로 자신은 괜찮고, 남들은 안 되는 마법魔法을 지닌 채 보이고 들리는 것들마다 골라서 먹잇감으로 점찍어 가는 양아치 심보까지 움켜쥐고서는 백년도 못 버티면서 천년만년을 살아갈 것처럼 탐욕을 부리는 몰염치한 자들이 그들이다.

　듣는 자들이 말하는 자를 움직이게 한다고 했는데 그런 그림은 찾아 볼 수 없고, 배가 부른 자들이 의도대로 지껄이는 소리를 배가 고픈 자들이 극찬을 하면서 그대로 따라서 떠벌이며 다니는 행실이나 잘 보이려고 하는 짓까지 다양한 처신들은 그들만의 충동적인 열정이며 심리心理인 것이다.

　인간들이 생각하는 견해와 의견으로 표현하고자 하는 말들이 얼마나 많은지 글로 옮기고 엮어서 세상에 내놓은 각종의 책들이 태산의 분량보다도 더 많은 부피가 될 것이다.

　만물의 이치까지 꿰뚫어 알 수는 있으나 상대들의 광기는 조금도 모르기에 세상과 사회는 그렇게 저렇게 널브러진 욕심들 주머니 안에서 요지경으로 굴러가고 있으렷다.

선과 악의 걸작

 현실적 이름만 존재하는 허울 좋은 잔존의 걸작傑作들.

평소에는 올바른 가치관으로 관대한 모습으로 지내다가도 때로는 예상외로 추악한 장면을 만들어놓는 것은 인간들에게 숨겨져 있는 욕망의 단면이 되겠다.

발에 밟히면 인격이 드러나고, 손해를 보면 성품이 드러나며, 거절을 당하면 의도가 드러난다고 했다.

실수한 것에 대한 사과라면 용서가 될지 모르나 고의나 임의로 한 잘못은 영원히 지워지지 않으리라.

선善은 아름다움으로 이어져 은혜로움을 만들어가지만 악惡은 두렵고도 무서움으로 이어지다가 참극을 만들어간다. 그래서 선으로부터는 평화와 안정의 지침서가 되는 것이고, 악으로 부터는 공포와 파괴라는 잔인한 멸망으로 끝이 나리라.

악이 존재하지 못한다면 선도 존재할 수 없는 것이다. 선은 말글이 아니고 행동으로 나타나는 것이며, 악이라는 감정 또한 참거나 견디지 못하는 자들로 결코 살아서 선善을 볼 수 없다고 하였느니라.

  천상에서 하강한 인류들이 있다면 모를까, 지상에서 태어나고 자란 영물靈物들이라서 선과 악의 마찰로 굴러가는 구조로 되어있는 인간들의 사회는 조용할 수가 없는 것이다. 인간이란 존재들은 대자연이 만든 최선의 작품인 동시에 최악의 걸작傑作이기도 하다.

  왕복의 여정旅程 승차권을 가진 생명체는 없는 것이므로 인간들의 인생길에도 쓸쓸한 나그네 길이 되느냐 보람 있는 순례 길이 되느냐는 기로岐路의 순간들마다 생각하는 마음은 다들 같은 감정이리라.

  그중에 인간들에게는 생각하는 마음과 지능, 그리고 양심까지 진화가 선두先頭적으로 되어 왔기에 모두를 지도, 관리, 감독, 지배支配까지 하고 있으리로다.

  인간들의 위치가 이러하다면 개개인은 누구라도 자신의 고귀한 존재와 숭고한 생명체를 유지하기 위해서 말과 행동에 따르는 바른 가치관과 책임 있는 신중한 처신을 지켜야 할 것이며, 공정과 공평, 경우와 상식, 거짓과 사실, 옳음과 그름을 공명정대하게 헤아리고 구분하는 것이 이 시대에 인간들에게 주어진 의무가 되는 것이리라.

누가 모르겠느냐

수동적인 체계에서 자율적인 체제로 변화가 되어가면서 일상의 규칙들이 과유불급이라는 탐욕과 사욕으로 둔갑하면서 돌파구가 없는 타락이라는 모태의 정거장을 향해 몰려가는 중이다. 항상 여유롭고, 태평하여 보이는 사람도 마음속을 들여다보면 어디선가 슬픈 소리가 난다고 하였으렷다.

인간이라면 어떻게 살아야 사람답게 사는 것인가를 잘 알면서도 삶이라는 복잡한 과제를 극복하려 처신하다보면 의도치 않은 난관들과 부딪치게 되니라. 말로는 행복하며 기쁘다고들 하지만 삶이란 복잡하고도 아슬아슬한 경쟁이라서 걱정 없는 날이 없고 필요로 하지 않은 것들이 없어서 잠시도 여유롭게 쉬도록 놔두질 않고 있다.

자신의 주장이 옳아도 상대방은 틀리다고 판단할 수 있는 것이고, 자신의 행동이 정당해도 상대방 쪽에서는 불편할 수도 있는 것이라서 일탈할 수 있는 계기는 각자 개인들만의 생각으로 만들어 놨다.

그래서 여러 번 듣는 것보다 한번 보는 것이 낫다고 하였고,

말로서 여러 번 하는 것보다 행동으로서 한번 보여주는 것이 확실하며, 체험이나 경험은 살아가는 철학이고 진리가 되는 것이리라.

듣고 싶은 말만 듣고, 하고 싶은 말만하는 이기주의적인 자들은 대부분이 믿고 싶은 것만 믿는 인간들이라서 무조건 본인의 말과 행동만을 고집하는 일방적인 처신과 어리석고도 교만한 행동까지 많은 사람들에게 불쾌감을 주고 있다.

털려고 들면 먼지 없는 자가 없을 것이고, 덮으려고 들면 못 덮을 허물이 없다고 했듯이 모두가 완벽하다면 서로가 서로에게 '왜'라는 문제로 논쟁을 할 필요는 없을 것이다.

양보나 배려를 외면하고 질서와 준법을 무시하는 인간들이 활보하는 사회에서는 공평하고 공정하며 화합으로 평화로운 시간은 기대하기 어려울 것이다. 하지만 희망을 갖고 용기를 앞세워 신중하게 처신하고, 세심하게 행동하며, 모든 행실을 경우와 상식에 맞추려고 노력한다면, 사회는 안정되고 개인들은 평온한 생활을 유지하게 될 것이다.

가난과 나

　　내가 웃으니까 따라서들 웃고, 내가 말을 하니까 답변이 오는 것이며, 내가 존재를 하니까 세상의 모든 것들이 존재하는 것을 알지만 내가 없으면 아무 것도 없다.

　무한無限의 세계라는 영원永遠으로 돌아가기 전까지는 사람으로서 인간답게 살아가는 수밖에 별도리가 없을 것 같다.

　불행했던 과거들 어딘가에는 아쉬움을 시작으로 서글프고 애잔하며, 후회스런 기억들이 되돌아와서 바로 세워보라는 꿈을 꾸게 하니라. 세월은 너무나 무정하고 가난은 매우 고통스리운 깃, 서산에 잠시 걸려있는 조각배 닮은 달그림자처럼 노년은 쓸쓸하기 그지없는 처지에 와 있기에 만상에 잠겨보는 시간들을 보내지만 세상 천지에 늙지 않는 동식물은 없지 않은가 비교하며 위안하여 본다.

　내 인생을 괴롭히는 스트레스야 이제라도 제발 물러가거라. 그렇게만 된다면 고뇌의 근심 속에서 해방이 되련만, 그러나 누구와 무엇 때문이 아니고 나 자신 수양이 모자라거나 노력이 부족하여 걱정과 고민으로 시달려야하는 운명이니 소견 좁은 심정으로 위안이라도 가져보려는 너스레일 뿐이다.

욕심은 지폐라는 종이쪼가리 생각뿐이고, 지폐라는 존재는 근심과 걱정으로부터 고민이라는 노이로제까지 지니고 다니는 스트레스의 종합백화점으로 꿈도 꿔서는 안 되는 작품이라서, 생각과 마음이 가난한 가신家臣은 설령 아무리 많은 것들을 갖추고 있어도 가난이란 굴레에서 벗어나기는 어려운 무능하고도 고집스런 정신상태가 아닌가도 싶다.

'나'라는 존재는 원래가 가난한 집에서 태어났기에 가진 것이 없는데다가 특히 가난 때문에 지독하게 고생을 많이 하는 신세로 지금까지 여전히 지속 중이다. 가난 자체마저 오죽하면 갈 데가 없어서 가난 속에 머물러 같이 고생을 하겠느냐만 나도 가난도 오래도록 가난에 익숙해져 있으니 사는 날까지 심통을 부려 탈 만들지 말고서 그런대로 견뎌 보자구나.

가난이란 절대적이거나 반강제 같은 규칙에 묶여있는 것은 아니지만 떨어지지 않으려하니 어쩔 수없이 동고동락하는 서민들의 삶이 되었다. 나 또한 무능한 쪽에서 지탱하여 왔기에 가난하고 붙어서 살아가고 있는 중이다.

나 자신은 실천을 못하면서 이랬으면 저랬으면 하고, 권고나 하는데 그래도 나의 분수를 헤아려 나보다 못한 처지에 있는 사람과 비교하면서 긍정적으로 자족하며, 이어지는 삶을 부여잡고 지혜롭게 살아가는 수밖에 별도리가 없을 것 같다.

광적인 탐욕

예전에는 어른들께서 오래 살다보니 별꼴을 다 본다고 하셨는데 지금 이 시대는 오래 살지 않아도 별아별꼴들을 다 보게 된다.

자신의 잘못으로 인한 사건이나 사고에 대한 반성이나 뉘우침을 모르는 후안무치들이 너무나 많은 세상이 되어 버렸고, 또한 분노조절이나 감정관리를 제대로 못해서 사단이 벌어지거나 후환거리들이 생겨나 막심한 후회와 함께 고통으로 이어지는 것이 다반사이다.

구멍 난 방패와 부러진 창을 들고 설치는 후안무치 파렴치범들이 활개를 치는 난장판 같은 짓들은 여기저기 사회의 구석구석에서 벌어지고 있다.

사악邪惡의 대명사 지킬박사 하이디와 비교해서 자신만은 그런 인간이 아니라고 양심을 걸고 자신 있게 말할 수 있는 자가 몇 명이나 될까. 어중이떠중이 실업자 사기꾼 건달들이 피켓이나 플래카드들을 펼치거나 들고서, 숫자로는 다 기록이 어려운 별아 별 사회단체와 관변단체들이 돈방석에 앉아보고 싶어서 반국가적 반사회적인 괴변들을 외치면서 욕심을 채우려는 행진들을 하고들 있는가 하면, 폭력으로 얼룩져가는 사채업들의 지능적인 만행과 인간들의 생명을 담보로 독버섯처럼 번져 나아가는 이중적인 보험금 조직들까지, 이렇듯 여러 단체나 조직체들이 난립하여 평범한 인간들을 만신창이로 만드는 잔인한 괴물들로 둔갑해서는 활개를 치면서 활약하고들 있는 기가 막힌 세상이기도 하다.

어느 지자체 장들은 어마 무시한 건물들을 지어서 아방궁 행세를 즐기고들 있고, 각부서 밑에는 없어도 될 백해무익한 조직들이 문어발처럼 만들어 번져나가면서 각종의 해괴한 짓들을 다하면서 혈세를 빨아대고 있다. 주민들은 갈수록 줄어들고 있는데 청사는 왕궁같이 꾸며놓고 임금님 행세를 하면서 누리는 자들까지 가지가지다. 이들 중에는 과거에 범죄기록이 있거나 괴변을 외쳤다든지 불특정 다수를 만신창이로 만든 자들이 다수가 기록으로 증명이 되고 있다는 것이다.

한 계절밖에 못 버티는 권력을 쟁취하기 위해서 벌이는 광란의 아수라장이다. 한지역의 주민들이 몰살을 당하기도하고 제국을 몰락의 위기로 만들기도 하는 사건 사고들을 보고 듣고 또는 경험까지 해서 충분히 반면교사로 인지할 인간들까지, 광적인 탐욕이 발동하여 또다시 되풀이 되고 있는 것이다.

정의로운 것이란

 보고 듣는 모든 것들이 앞으로 살아가는 과정에서 창과 방패가 되며 슬기로운 거울이 될 것이다.

신뢰란 믿음의 신앙이면서 양보이고 용서이며 사랑이고 자유를 만들어가는 지렛대 역할이라 할 것이다.

믿음과 신뢰에서 의지까지 갈기갈기 찢어버리는 배반과 배신이라는 탐욕은 많은 이들에게 억울함을 만들어 놓는다.

나쁜 것은 아무리 보잘것없는 것이라 할지라도 실행하지 않는 것이 옳고, 선善은 아무리 작아도 실천에 옮기는 것이 좋다고 하는 것은 사소한 것들까지도 신중하게 선택하고 결정하라는 가르침이 되겠다.

눈이 밝거든 보이는 것만으로 판단하지 말고, 귀가 밝거든 들리는 소리에 의미를 가져야 하는 것도 세심하게 살피라는 교훈이 될 것이리라.

인간들이 올바른 처신을 외면하고, 사람이 사람다운 행동을 멀리하게 되면 갖춘 지식과 지능이 흐려지고 마비되어서 공정하지 못한 스스로의 판단만이 옳고 그른 것에 대한 삐뚤어진 기준점이 될 것이다.

　힘으로 굴복과 굴종은 가능하지만 신념까지 지배하지는 못한다고 했으니 이유 없이 남을 미워한다거나 거짓말인 줄 알면서도 그런 언행을 되풀이한다면 얼마 지나지 않은 시일에 더 많은 사람들한테서 미움을 과중하게 되돌려 받게 될 것이다.

　정의正義라는 논제는 승리하는 쪽이 임의로 만들어가는 것이지만 성취라는 결과까지 정의로운 쪽에서 만족하게 차지하는 것이 아니고, 다양한 후유증에서 생기는 여파로 파국이나 파산破産의 지경에 몰리게도 되는데 자세히 살피다보면 세상은 딜레마에서 허우적이는 요지경이라는 것을 알게 된다.

　인간이란 무한한 능력을 가진 절대적 무결無缺점 소유의 동물이 아니라는 것쯤은 알았으면 한다.

멈추지 않는다

 돈이라는 행운의 열쇄는 누구의 손이 쥐고서 대박을 터트릴까.

욕심은 고통을 부르는 나팔이라고 했는데 과도하다보면 재앙까지 부르리라. 옳고, 그름이 뚜렷하고, 경우와 상식에 철두철미한 인간들의 인격과 품격을 좌우하게 만드는 지폐라는 영물이 세상을 지배하도록 지켜보고들 있다.

바닥이 가라앉도록 재물들을 무겁게 쌓아 놓고도 가족끼리 언쟁과 다툼을 벌이고, 형제끼리는 소송까지 하는 짓들을 벌이는데 재물들을 무리하게 모아오는 과정에서 상대방의 원망과 저주들이 묻혀왔기 때문이리라.

가지가지 사건사고의 원인 뒤에는 돈이라는 실체가 도사리고 있으며, 돈이 되는 것이라면 무슨 짓이든 가리지 않는 사악하고도 추악한 인간들이 악에 받힌 감정의 폭발로 두렵고도 험악해져가는 무지막지한 사회가 되어 버렸다.

분노와 증오, 배신 같은 한이 맺힐 정도로 비열하고도 잔인한 자들이 고가의 재물들을 제멋대로 빼앗아 거두어 왔기에 시간이 지나면서 끔찍하게 복수復讐라는 원한의 되갚음으로 이어지는 것이다.

  탐욕에 눈이 멀어 무관지옥으로 추락을 한다고 해도 하던 짓을 멈추거나 중단하는 자들을 찾아보기가 어렵고, 시궁창에 처박혀 숨통이 멎는다 해도 인간들은 하던 짓을 기다리거나 미루지를 않는다.

  명예를 차지한 자들은 명예에 걸맞게 직분을 다하는 것이 아니고, 아첨과 아부라는 섬김으로 명성을 과시하면서 권세를 누려보려는 야욕으로 처신하고 있다. 또 다른 폭력조직들은 가난하고도 불쌍한 서민들을 상대로 천문학적인 퍼센트로 이자놀이의 사채업들을 허가받은 듯이 하고들 있으니 불안과 공포와 패가망신에서 극단적인 선택까지 고의故意로 만들어 가는 세상은 아주 위험한 사회로 병들어 가고 있는 중이다.

  많이 배우고 풍부하게 갖추었다는 잘난 자들보다는 근면과 검소를 실천하면서 부족해도 성실하고 배려하며, 양보하는 자세를 갖춘 사람이 인간다워 보이는 것은 사실이다.

허장성세 虛張聲勢

인간이란 지능과 생각하는 행동으로 살아가는 선택받은 생명체이지만, 각종의 매스컴을 통해서 쏟아져 나오는 소리들마다 좋은 소식보다는 나쁜 소리가 더 많고, 더러는 인간들의 상식이나 이해로는 판하기가 어려울 정도의 사건 사고들이 많기도 하다. 갈취와 착취에서 가지가지 불륜에 강도 강간 살인까지도 서슴없이 벌이는 가증스러우며 잔인한 동물이기도 하다. 치료제가 없는 암적인 무리나 집단들이 사회 구석구석에서 제멋대로 활개를 치다보니 세상은 하루 한시도 평온한 날이 없는 것이다.

식욕과 성욕은 누구라도 생리현상처럼 현존하는 같은 존재물들과 동고동락 하는 사이이고, 재물과 명예 또한 힘들여 갖추어 놓고는 한순간에 날리면서 추락할 수도 있는 허울 좋은 기호식품과 같은 것들이라서 특별히 관리가 필요한 애물일 수도 있다.

고생하면서 악착같이 벌어 쌓아놓은 재물들이 천신만고千辛萬苦 끝에 명예로운 신분의 위치까지 차지했으나 생리현상이라는 쾌락의 순간을 참아내지 못하고서 패가망신에 극단적인 선택으로 끝이 나는 인간들이 수두룩하다.

자존심 속에 있는 교만과 오만에서 나오는 분노는 지혜를 흐리게 하고, 증오는 판단을 흐리게 하여 후회할 일들을 만드는 허세의 산물이라서 이 또한 지속적인 관리의 대상이 되렷다.

재물과 인간들이 같이 공존하면서 어렵고 힘들게 살아야하는 현실은 누구라도 비켜서 가기는 어려운 과제가 되겠고, 그래도 인간이라는 명예를 지키려면 자존심 때문에 잃는 것들을 만들지 말고, 헤세부리다가 후회할 일들을 생산하지 않도록 신중하고도 세심하게 처신해야 할 것이로다.

잘난 자보다는 겸손한 사람에게 마음이 가고, 많이 배웠거나 많이 가진 자보다는 깨달음을 갖추고, 배려하는 자에게 신뢰가 가며, 반성할 줄 아는 자에게 믿음이 생기듯이 이와 같은 사람들과 함께 어울려 살아가야 하는 곳이 바로 인간사회라 할 것이다.

언쟁의 시절時節

분노를 참으면 위기를 모면하고, 울분을 다스리면 사려思慮를 얻는다고 했으렷다. 바로 눈앞에 있는 것들만 보고서 조급하게 생각하지 말고, 멀리 있는 것들을 내다보면서 여유들을 가지시라.

이렇게 저렇게 상대방의 의견이나 견해를 구분하고, 따지려 하는 언행은 불신을 조장하여 주변을 시작으로 사회를 시끄럽고도 복잡하게 만들어가는 시작이면서 원인이 되는 것이다.

판도라의 상자가 열리자마자 지옥으로 가는 문이 열린 것처럼 인간들의 농간弄奸이 세상으로 나가면서 모두가 고통에서 헤어날 길이 없을 지경이로다.

모두가 꿈을 가지고 나아가는 미래는 희망과 두려움이라는 과제가 따라붙는 것, 그래서 인간들은 절제하고 신중하며 세심한 주의가 필요로 하는 것이다.

태어남 자체가 불행의 시작이 되는 것 같은 이런 세상에서 다수가 하고자하는 것들은 경우와 상식하고는 무관하게 흘러왔고, 또한 그렇게 흘러간다.

천지 만물의 이치와 생로병사의 원인을 꿰뚫어도 백년을 제대로 지탱하기 어려운 생명들이면서 재물욕과 성욕의 불치병자로 만들어진 존재들이라서 세상의 온갖 것들을 두루 차지한다 해도 부족하여 상대방의 양심까지 빼앗아 보려고 다툼과 언쟁을 벌이고들 있다.

수단과 방법을 가리지 않고 착취에 착복에 불법으로 가는 탐욕의 길이 얼마나 아슬아슬하고도 위험한 통로인지 알고서 하는 짓들인지 의문스럽다.

자신들은 괜찮고, 상대방은 보잘것없는 존재들로 취급하는 이기적인 심보들만 모인 실체들이라서 하루 한시도 평온할 수 없는 사회로 고착화되어 간다.

어쩌면 10억 명이, 십 억년동안 논쟁을 해도 또 다른 100억 명이, 백 억년을 언쟁을 해도 답쏨이나 결과는 나오지도 찾지도 못하고, 그렇게 저렇게 돌고 돌 뿐이며, 이전투구泥田鬪狗 해봐야 이 소리가 그 소리, 그 소리도 이 소리라서 절대로 해답은 없을 것 같은 복잡하고도 까다로운 인간들만의 잡다한 세상이라서 마냥 위태롭고도 불안하게 억지로 간신히 굴러가고 있을 뿐이다.

훈계나 충고는 귀에 거슬리는 소리들로 듣기에는 기분이 나쁠지 몰라도 삶에는 지침서가 된다 하였고, 듣기 좋은 달콤한 소리들은 듣기에는 기분은 좋을지 몰라도 마약이나 마취제 같아서 인격이 망가진다고 하였느니라.

그 시절 그때도

언행과 탐욕은 뿌린 대로 거둔다고 했으렷다.

말과 글로서 이루다 표현할 수없는 고통이나 슬픔 같은 아픔을 생산하는 사악한 욕망은 인간들이 살아가는 세상 구석구석 어느 한곳도 예외 없이 찾아서 다니는 것 같은데 악마란 인간들의 탐욕으로 만들어지는 극치極致의 산물이 되겠다.

한 시대 만연했던 부패와 비리를 정당화하기위해 폭력까지 무성했던 시절, 따가운 햇볕을 가리기위해 채양을 만들면 햇볕가림 세稅를 내야하고, 공간이 어두워 빛이 들어오는 조그만 들창이라도 뚫어놓으면 햇볕통과 세를 받아갔던 그런 시절이나, 각종의 규제에 묶여있는 이런 시대나 별반 다를 것이 없는 것은 그물처럼 얽히고설키어 있는 복잡한 법들이 아닌가 싶다.

추종하는 부하들이 많을수록 상대할 적들도 많아진다는 것도 잘 알고 있는 우두머리 군주들의 절대 권력은 살아있는 것부터 원래 제자리에 있던 것들까지 모든 것의 주인이 되는 능력자로서 철저하게 대비를 하면서 종주자 노릇을 해왔던 그들이 과거의 시절은 지배를 해왔던 것이다.

운명은 정해진 것이라서 생각대로 만들어서 누려야 한다고 했던 군국주의 시절에는 그분 앞에서는 이齒를 보이지 마라 그리고 그분의 눈目을 똑바로 보려 하지마라, 그분은 만물의 주인이시고 경이로운 자이시며 모두를 총괄하시는 파라오(고대 이집트의 왕) 통치자이시다 라는 문자들로 남겼으렷다.

거짓말하는 협잡꾼들과 사기꾼들의 도적질이며, 폭력에 강도에 살인범들까지 조성하여 사회를 혼란시켜 엉망으로 만들어 가지고는 규칙과 구제救濟 라는 그물을 만들어서 걸려드는 인간들을 무차별로 끌어다가 지상에는 아방궁과 같은 궁전들을 만들었고, 지하에는 사후死後 세상이라는 지하궁전을 조성하여 놓았으며, 지상의 묘지로는 피라미드 같은 거대한 토목공사를 하였던 곳도 그러하다.

이런 시기에도 다른 동물들이나 잡신雜神들은 인간들이 하는 짓거리를 구경하면서 저런 머저리들이 있나하며, 아이러니한 시절을 보냈을 것이라며 비유比喻 삼아 무지를 비웃어 보기도 하지만 비참했던 과거와 현재의 실정들과 비교분석한다면 씁쓰레한 마음이 개운하게 씻기지가 않는다.

목구멍이 혓바닥을
삼켜버렸다

간사하고 교활하다는 혀는 본인이 다스리지만 함부로 뱉은 말들은 되돌아와서 본인을 다스린다고 했다. 마음이 더러우면 더러운 것만 보이고 생각이 깨끗하면 깨끗한 것만 보인다고 했듯이, 입으로 들어가는 것들이 더러운 것이 아니고 입에서 나오는 것들이 그 사람을 더럽게도 또는 깨끗하게도 만든다고 했으렷다.

혀는 칼보다 날카로워 칼로는 벨 수 없는 인간들의 신뢰나 의지를 단숨에 베어버린다고도 했고, 혀를 거쳐서 나오는 소리는 거짓이라도 수십 번 되풀이하면 사실로 둔갑한다고도 했느니라.

인간들의 삶속에서 화근禍根을 불러오는 것은 목구멍이 아니고 이 소리 저 소리 필요 없이 나불거리는 혓바닥이 불러오는 것이다. 악마가 인간들을 유혹하는 것이 아니고 인간들이 혓바닥을 이용하여 악마들을 만들어가는 것이다.

상대방의 의견에 무조건 반대만하고, 조심스럽게 돌아오는 질문마다 시비를 걸어 다툼을 조장하는 저질의 행실 때문에 주변사람들은 마음이 불편해지고 자신은 입이 추해지면서 언짢은 기분으로 심기가 불편하리라.

심술이 궂거나 오만하고 거만한 자들이 기분이 내키는 대로 제멋대로 지껄이는 말들이 날개와 꼬리를 달고 소문은 사방팔방으로 퍼져 나돌아 다니는데, 인격을 바닥으로 추락시키는 주범은 교만한 자가 기분 내키는 대로 지껄여대는 혓바닥이 주범이므로 신상身上은 평온할 날이 없는 것이다.

언젠가는 혓바닥이 불러들이는 악머구리가 목줄에 걸려 음식도 제대로 못 넘길뿐더러 숨통까지 막힐 것을 염려하여 몸통을 지키기 위해서 묻지도 대답도 하지 못하게 말이 많은 혓바닥을 목구멍이 삼켜버린 것이로다.

본인의 혀를 통해 뱉어진 비난과 험담들이 오래지 않아 자신에게 되돌아온다는 것도 명심해야 할 것이다. 말은 은이요, 침묵은 금이라 하듯이 충분하게 듣고 나서는 긍정적인 대답 외엔 더 이상 입을 열지 않는 자는 의의意義를 깨달은 것이라 했느니라.

2부 반성하며 살자

사랑의 본질
이런저런 고민들
법치국가란
논리대로 주장
만족의 쉼터
불편한 심리
반성하며 살자
듣고 보는 지혜
말言語이 많으면
아름다운 양심
아름다운 모습
이런 사회
신들의 원조元祖
최후의 심판대
건강은 아름다운 것

사랑의 본질

사랑은 경이롭고도 아름다운 것이다. 사랑이란 죽음의 공포보다 강한 힘을 가졌기에 인간들은 어떠한 고난이나 시련들도 사랑의 인내력으로 견디면서 살아들 가는 것이리라. 또한 다른 사람을 사랑할줄 모르는 자는 사랑받을 자격이 없는 자라고도 했으렷다. 그러나 시작과 끝을 가름하기 어렵다는 사랑이란 모멘트는 순간적인 감정이나 충동적인 열정만으로도 가능한 것이다.

빛의 모체는 불이 되는 것처럼 사랑은 언제나 기적과 같은 신비의 모체가 된다고도 하였고, 사랑이 없는 곳에서는 비극이 생기지만 사랑을 하는 곳에서는 절대로 불행이나 고통이 생기지 않는다고도 하였으렷다.

사랑은 인간을 위대하게 만드는 원동력이 된다고, 하였으며, 가장 완성된 사람은 모든 인간들을 사랑하는 자※이면서 그 사람들이 좋건 나쁘건 가리는 일없이 모두에게 양보와 배려를 하는 행동과 마음을 가진 사람이라고, 하였다.

배려를 하게 되면 신뢰를 얻게 되는 것이고, 신뢰 속에서 사랑의 싹이 틀 것이며, 사랑은 나누면서 행복해질 것이다.

　같은 생각과 같은 감정으로 인간들은 사랑을 나누지만 서로 다른 감정을 고집한다면 아름다운 사랑과 환상의 꿈은 한순간에 잔인하게 무너져 버린다는 것도 규칙으로 알아두어야 할 사례가 되는 것이리라.

　사람이 아름다운 것은 사랑을 할 때이고, 인간이 추악하다고 하는 것은 사랑이 식어서 사악한 모습으로 돌변해 생각이나 감정이 극에 다다랐을 때이다.

　그래서 서로의 본질에서 오는 자존심 때문에 앞에서 보았던 꽃 같은 감정들은 돌아서가는 뒤 모습은 가시로 보이는 것이 인간들의 본 모습일 것이다.

　인간들은 사랑이 없는 곳에서는 존재할 수 없는 것이기에 사랑은 영혼의 지배자이면서 모든 것의 주인이기도 하고, 노예이기도 한 것이리라.

이런저런 고민들

하늘의 별들만큼이나 인연도 많고, 땅의 모래알만큼 이나 사연도 많은 것이 인간들의 삶이 되렷다. 또한 만물의 이치까지도 꿰뚫어 알 수는 있겠으나 단 한명 인간의 마음은 알기가 어려운 것이 사실이다.

귀에 거슬리는 소리는 듣기에는 기분이 나쁠지 몰라도 삶에 지침서가 된다. 듣기 좋은 소리는 듣기에 기분이 좋을지 몰라도 마약과 같아서 즐거이 듣는 자는 인격이 망가진다고 했는데, 입에서 나오는 많은 소리들 중에 상식에 맞는 옳은 소리는 몇 마디나 되겠는가.

양심에 가책을 솔직하게 느끼는 사람 중에 더러는 은혜도 저버렸으니 책임이 가볍지 않을 것 같고, 구설수에 동조同調를 했으니 도덕심을 위반도 했으며, 외모만 보고서 판단하고 단정하다가 난처한 처치를 모면하기 어려웠던 적도 사실이렷다.

봐야 할 것이 있고 보지 말아야 할 것들이 있으며, 들어야 할 것이 있고 들어서는 안 되는 것들이 있다. 인간으로 살아서 지탱해 나아간다는 것은 아주 많은 생각과 복잡한 고민을 감수하도록 만들어져있다.

  이것저것 욕심껏 고르다보면 결정을 못하겠고, 이 소리에 이런 생각 저 소리에 저런 생각도 해보지만 만족할만한 답이 보이지 않으니 모두가 계속해서 고민 중이다.

  때로는 최악의 처지에서 간신히 버텨왔으며, 더러는 보잘것 없는 만족으로 웃음을 나눠도 보았지만, 곤란한 입장이거나 어려운 형편으로 그럭저럭 견디어 가는 수밖에 별다른 대책은 없는 실정이다.

  사리분별이 분명하여 행복과 안정을 찾고 만들고, 무던히 노력들은 하지만 선과 악의 마찰로 굴러가는 불투명한 구조의 조직체들인지라 인간들 사회는 언제나 항시 시끄럽게 흘러가고 있는 것이리라.

법치국가란

옳고 그름이라는 토대 위에 언제, 어디서, 누가, 무엇을, 어떻게, 왜 라는 경우와 상식의 지주대가 세워졌고, 지주支柱를 중심으로 헌법이 만들어졌으며, 헌법을 중심으로 하는 법치국가들이 대부분인데 대한민국도 그중의 하나로 민주공화국이 되겠다. 또한 사실과 거짓을 규칙으로 하여 민주주의라는 정체성을 실현하여 가고 있으렷다.

법法 앞에서는 신분의 차이를 구별할 수 없도록 해야 만이 차별 없는 평등과 불평 없는 공정이 순조롭게 질서를 펼쳐 나아가게 될 것이다. 법치국가에서 폭력을 앞세운 각종의 사건사고들이 계속해서 벌어지는 것은 법체계에 과실이 있기 때문이리라.

서로가 잘 살아보자고 모이지만 각자의 의견들이 성립되지 못하면서 진통과 분열만 거듭되는 것은 근래에만 생겨나는 것이 아니기에 법률상에서는 지능적인 고민거리가 되고 있으며, 또는 거창하면서도 달콤한 공약들이 즐비하지만 제동을 걸고 따라붙는 제약들이 즐비하여 슬기롭게 풀어야할 난제들이다.

인간들이 각양각색의 위치에서 가지가지의 공정한 것들과 마주하게 되면 일시적일 수 있는 유혹이라는 감정에서 고민들을 하게 되는데 과감하게 판단을 내리지 못하게 되면 감당하지 못할 후회를 남기게 된다.

한때는 VIP 또는 고위층이라며 최상의 명성을 누리던 자들이 잘못으로 재판을 받게 되면 파렴치범들보다도 더 지저분하게 핑계와 변명을 늘어놓기도 하였다.

걱정과 고민스러운 사회를 바로잡고자 한다면 추잡하고 저질스런 자들과 미개하고 폭력적인 자들이 활개를 치는 사회가 더 이상 지속되지 못하도록 추상秋霜 같은 엄벌의 제도를 지속적으로 실행하여야 만이 체계유지가 가능할 것이다.

낮에는 자유로이 활동하고 밤에는 편안하게 잠잘 수 있는 곳이어야 한다. 법이 있는지 없는지도 모를 정도로 관심 없이 양심에서 나오는 경우와 상식대로 살아가는 인간들 세상이 가장 아름다운 사회가 아니겠는가 하고 또 다른 희망을 가져본다.

논리대로 주장

신(神)이 자연을 창조했는지, 아니면 자연이 신을 만들었는지 무엇도 누구도 알 수 없는 과제이리라. 자연의 일부로서 존재하는 인간들의 입을 통해 이런저런 신들의 존재가 알려져 왔기에 후자가 설득력이 있다.

단 한번 보지도, 한마디의 말을 듣지도 못했기에 그분이 어떻게 생겼는지 무엇을 어떻게 하시는지 정확히는 아무도 모른다. 자신들이 어떻게 왔는지, 어디로 가는지, 알면서도 신의 뜻에 의해서 왔고, 신들을 따라서 가는 것처럼 거짓말하는 자들이 천재지변까지도 신의 노여움이라고 선동까지 해댄다.

본인이 옳다면 옳은 것이고, 그르다면 그른 것이 되어야하는 이론은 얄팍한 농간이면서 황당한 억측이로다.

하고 싶은 말들만을 하며, 들어야 할 것들만 듣고서 기억하다가 문제를 삼아서 '옳다 그르다'의 판결자 노릇들을 하는데, 신의 계시를 따르지 않는 자들은 악마의 저주에 걸린 자들이라면서 자신들의 의견을 따라야 악마로부터 벗어날 수 있다는 황당한 이론을 떠들어 대기도 하니라.

짐승들은 물론 인간들까지 제물로 받치는 짓거리들을 기나긴 세월 오랫동안 제사지내듯이 행사했다는 근거들이 자연과학으로 속속들이 들어나고 있는데도, 신들을 믿고 따라야 한다는 논리는 변하지 않고 있으렷다.
　생각대로 짜 맞춘 논리도 되풀이 하다보면 습관화되는 것이 인간들의 습성이라서 슬기로운 해석도 우수한 판단력도 습관화된 주장과는 논쟁의 한편에서 메아리일 뿐이다.
　신은 존재하지 않지만 그렇다고 무시할 수도 없는 것은 인간들의 삶 자체가 신이기 때문이리라.

만족의 쉼터

인간들은 꿈과 희망을 품고 살아가는 유일한 생명체들이면서 그 꿈들의 실현가능성이 희박하드래도 굳이 구분하고 계산하면서 준비하지는 않는다. 받는 것은 당연한 것이고, 주는 것은 아까워서 망설이는 아주 많은 인간들의 트라우마는 그래서 떠나지를 않느니라.

핑계와 변명이 더 이상 필요 없는 만족을 아는 자만이 근심과 걱정에서 해방이 된 자유로운 사람이 될 것이다.

가난에서 벗어나고 싶어 하는 다수의 생각들, 고통에서 빠져나오고 싶은 대부분의 처지處地들, 인간들의 삶 자체가 고통이고 애환이라서 감수하고 살아야 하는가 보다.

행운이 찾아오는 데는 지혜가 필요하지 않다고 했으나, 행운을 붙잡는 데는 지혜가 필요하다고 했다. 아마도 힘들게 살아가는 과정에서 행운을 만난다면 그보다 더 좋은 기적이 있겠는가 하는 감정에서 나오는 의미일 것이다.

현명한 사람은 모든 사람으로부터 배우는 자이고, 보다 강한 사람은 감정을 다스릴 줄 아는 자이며, 풍족한 사람은 본인이 가진 것에 만족할 줄 아는 사람이라고 했는데 자신들이 만족하다는 것을 실감하면서 살아가는 인간들이 몇 명이나 되겠는가.

허영심이란 것들도 사실과 거짓을 자신의 생각대로 왜곡하여 꾸며진 감정이라서 체면을 유지하려면 자숙하는 태도로 조심하여야 하는 것이고 완벽한 지식, 완벽한 시행施行, 충분한 만족이란 욕심 안에는 없는 것들이 되겠다.

조금은 양심 안에서 감정이 필요하겠지만 양보하는 자세, 배려하는 마음, 또는 용서라는 결의를 제대로 활용할 때만이 평정과 평안은 유지가 되리라.

많은 것들을 소유하고서 관리하느라 고심하고, 많은 지식을 갖추고서 유용有用할 곳이 없어 고민하는 것보다는 조금씩 부족하여 채우고자 아쉬워하는 마음으로 노력하면서 생활하는 것이 보통 사람들에게는 평안하고도 후회 없는 삶이 되어지렷다.

불편한 심리

따지거나 우기기를 좋아하는 자는 반드시 적을 만들지만 대화중에 칭찬과 찬사는 신뢰를 쌓아가는 슬기로운 예술이 되리라.

소통을 못하는 자는 사회생활에서 낙오자로 전락하기도 하고, 대화가 단절된 자들 또한 스트레스 속에서 헤어 나오질 못하게 되니라.

상대방이 듣고 싶어 하는 말보다는 알아듣기 쉬운 말을 하는 것이 유익하고 질문과 대답은 간결하게 하는 것이 좋다.

무언가를 숨기기 위한 핑계는 거짓말을 하게 되고, 자신의 거짓말을 정당화 하기위해 남의 거짓말을 감싸기도 하는 것이 인간들의 보편적 심리가 된다. 남들의 거짓말은 캐내고자 하면서 자신의 거짓말은 감추려하는 것들이 잘못된 인간들의 생각이며 바르지 못한 처신이라 할 것이다.

정신이 따라가지 않으면 보아도 똑바로 보이지 않고 들어도 제대 들리지 않는 것이 사람의 마음이라서, 잘못된 습관을 알면서도 바로잡지 못하면 인생은 실패자로 낙오될 것이로다.

실패한 자들은 핑계를 대고 성공한 자들은 운명이라 말하며 잘사는 사람들은 겸손을 말하는데, 가난한 자들은 남의 탓을 한다고들 하지만 인간들의 불평불만이 습관화 되어가는 것을 바로잡으려면 경우와 상식에서 이탈하지 말아야 할 것이다.

실패나 역경보다 더 나은 교육은 없다고 했듯이 인간들은 자신들이 행복하다는 것을 알지 못하기 때문에 불행하다고 생각하면서 불평불만을 하게 되고 그러면서 행복의 지지대는 허물어가는 것이리라.

거짓말을 하지 않고 살아가는 것도 어렵지만 자신의 솔직함을 드러내는 것도 매우 어려운 것이다. 상대를 아는 것보다 자신을 아는 것이 훨씬 어렵다고 했는데 인간들은 상대의 모습에서 자신을 비추는 거울이 되고 교훈이 되어 지리라.

반성하며 살자

　　본인의 잘못은 조금의 뉘우침이 없이 상대방탓만하는 핑계와 변명은 마약과 같아서 습관화되기가 쉽고 되풀이 할수록 인격은 치명적으로 망가지게 되어있다.

　충고하는 말들이 귀에는 거슬릴지 몰라도 행동에는 지침서가 될 것이다. 입에서 나오는 말들이 자신들의 인격이고 품격이며 초상肖像이 되렷다.

　어떤 인간의 과거는 그자의 입에서 나오는 소리들이 지난 일들을 대변하는 근거로서 인품이나 성품 같은 품격을 나타내는 언어가 되는 것이리라.

　나만큼은 누구라도 다 안다는 것을 알면서도 욕심으로 흐려진 통박이 또다시 계산을 해보지만, 지능적인 농간의 꼬리표는 떨어지지 않고 붙어 따라다니는 것이다.

　선택받은 존재처럼 자신의 명성名聲을 여기저기 다니면서 자화자찬 해보련만 별로 환영과는 거리가 멀다. 잘못된 일들을 남의 탓으로 돌리면서 핑계를 대며, 사리분별을 제대로 못하고서 자신의 주장만이 옳다며 본인 생각대로 처신하는 자들에게는 누구도 관심이나 신뢰를 가지고 다가오지는 않을 것이다.

　칭찬에 발이 달려 있다면 험담이나 비방에는 날개가 달려있다는 것을 간과看過하고서 혀가 함부로 지껄이는 말들이 자신을 묶어 놓거나 난처하게 만들어 놓을 수도 있다는 것도 명심해야 할 것이다.

　참아내고 숙이는 자들만이 살아남는다고 했는데, 고의든 타의든 잘못이 있으면 뉘우치고 반성하는 자에게는 기회가 주어지지만 기회마저 외면하고 계속해서 잘못을 저지르는 자들은 뿌리는 대로 거둬야 할 것이며, 거두지 못한 죄들은 후손들에게 이어가거나 아니면 종이 멈추어 대代를 잇지 못한다고 했으니 세심하게 헤아려 신중하게 처신들을 해야 할 것이리라.

　지나간 것들은 되돌아오는 것이 없다 했다. 되돌아오는 것이 있다면 후회뿐이라 했으니 지나간 것들을 반면교사로 삼아 앞으로의 과제들을 신중하게 처신해야 할 것이로다.

듣고 보는 지혜

보고 들은 모든 것들을 양심으로 구분하고 판단하느라 고민을 선두로 하여 근심과 걱정이라는 스트레스로 삶이란 무게를 감당해야하는 것이 인간들의 여정旅程으로 가는 길이 아닌가 한다.

자존심은 감정과 연결이 되고, 양심은 생각과 같이 지내며, 지능과 지혜는 함께 더불어 구분하고 계산한다. 진리眞理는 입을 다물어야 들을 수 있다고 했다. 논쟁에는 귀 기울이되 아무리 처세술이 뛰어나도 절대로 끼어들지 말아야 신상身上이 편하다고 했으렷다.

우겨서 얻는 것은 원망이 될 것이고, 다퉈서 듣는 것은 욕설로 돌아오며, 싸워서 남는 것은 상처뿐이라 했다. 험담하지 않는 자는 근심이 줄어들고, 장점만을 말하는 자는 신뢰를 쌓는다고 했느니라.

자기주장만을 내세워 이기려고만 하면 적수만 늘어날 뿐이라 했으니, 사람이 흥興하고, 망하는 것 역시 우겨대면서 떠들어대는 입口 때문이라고 했다.

감정과 의욕만으로 실천할 수 없는 말들을 했다가 낭패를 보거나 후회를 하는 경우들이 다반사로 생긴다. 함부로 입을 열어 지껄여대는 자들은 신뢰를 받기가 어려우리라.

혓바닥의 30초가 기억 속에서는 30년이 간다는 고사가 있다. 두서없이 떠들어서 흥분이나 감정을 조장하여 분위기 망치는 소리에 혀로 대답하기 보다는 재치 있는 눈빛과 표정으로 대신하는 것이 슬기로운 처신이 될 것이다.

자신의 눈으로 정확히 보았다고 확신할 수 없고, 자신의 생각만이 옳다고 단정하기 어렵다고 인정하는 자者, 이런 사람이라면 신뢰를 얻을 만하렷다.

보아서는 안 되는 장면들을 보았기에 고민이 생기고, 들어서는 안 되는 내용들을 들었기에 근심으로 이어진다. 눈이 밝으면 보이는 것만으로 믿으려 하지 말 것이고, 귀가 밝거든 들리는 것만으로 판단하지 않으면 마음과 정신이 평온하리라.

보고 들은 것들이 앞으로 살아가는데 창과 방패가 되어 지켜주고 보호해 줄 것이며, 대부분은 슬기로운 거울이 되니, 과거의 경험들은 미래의 지표가 되어 평안을 만들어 갈 것이다.

말言語이 많으면

　　말을 하기는 쉽지만 실천으로 옮기는 것은 매우 어려운 것이라서 논쟁에는 귀 기울여 듣되 절대로 끼어들지는 말라 하였고 끝까지 입을 열지 않는 사람은 의의意義를 갖춘자라 하였으렷다.

　달면 삼키고, 쓰면 뱉는 세치 혀가 화禍를 부르듯이 요사스런 혓바닥은 인격을 짓밟고, 불경한 혓바닥은 자존심을 유린하며, 발칙한 혓바닥은 생각을 뭉개놓는다. 그래서 재난을 불러오는 것은 목구멍이 아니고, 이 소리 저 소리 필요 없이 나불거려서 혀가 불러들이는 것이리라. 입안에는 화근禍根을 만드는 공장이 있고, 주둥이는 화禍가 들락거리는 통로가 되므로 입을 잘 다스리면 군자가 되지만 혀를 잘못 다스리면 소인배로 추락하고 만다.

　귀 기울여 들어야할 소리는 짜증나는 소리라고 외면하고는 안 들어도 될 오다가다 들었던 소문들은 이것저것 생각나는 대로 그칠 새 없이 떠들어대는데, 칭찬보다는 음담패설 같은 험담들이 많아서 정서적인 사회분위기에 부족한 대화들이다.

듣고 있는 자에게는 지혜를 가져다주지만 지껄이는 자에게는 후회를 가져다준다고 했다. 말이 많은 자들은 다른 사람의 말을 귀담아 듣지 않으므로 지능의 부재不在로 조금 아는 것을 떠들어댈 뿐이다. 잘되면 자신의 복이라 하고 안 되는 것들은 신세를 원망하거나 남을 탓하며 핑계로 일색이다.

말이 많다보면 여기저기서 참견으로 옳다 틀리다의 목소리가 커지며, 흥분을 조장하여 분위기만 험악해지면서 결국에는 소란으로 사단이 벌어지고야 만다.

듣는 자들에게는 지식이 쌓이고, 말을 되풀이 하는 자는 불만이 쌓인다고 했는데, 세言語마디부터는 인격이 무너진다고도 했으니 되도록 많이 들어두었다가 유용할 때 사용하시도록 하시구려.

칭찬은 용기를 만들어주는 보약이 될 것이고 고운 말은 심성이 맑아지는 강장제가 될것이다.

아름다운 양심

이웃을 배려하고 사랑하면서 죽음보다 죄를 두려워하는 사람이야말로 올바른 양심을 가진 사람이리라. 사랑하는 정신, 배려하는 행동, 양보하는 자세, 용서하는 마음, 모두 귀와 눈을 통해서 생각과 감정으로 시작이 되겠다.

모든 것을 감수感受할 수 있는 지능과 양심을 우선으로 꼽을 수 있겠으며, 어쩌면 우리들 사회에서 아름다운 것들 중에는 경우와 상식을 갖춘 올바른 언행이 가장 많이 필요로 할 것이다.

잘못을 가려내고 바른 것을 찾아내며, 언행을 관리하여 선행을 실행에 옮기듯이, 지식과 실천은 규칙과 질서를 만들어 지켜가는 훌륭한 도구가 되렷다.

우수한 지능과 유능한 지혜는 인간이 아닌 다른 생명체들은 현재로서는 없는 것이라서 인간들에게 지배를 받는 것이 아닌가 한다.

착하고 성실하며 심성이 바른 사람들은 양심을 제대로 활용하지만, 욕심이 많거나 이렇게 저렇게 통박 굴리듯이 사욕私慾에 사용하면 금이 가거나 깨져서 인간다운 삶을 평안하게 제대로 누릴 수가 없을 것이다.

　욕심은 작을수록 두려움은 사라지게 될 것이고, 평안이 슬며시 자리를 차지하게 되면 행복이 저만큼에서 미소를 보내면서 다가오고 있으리로다.

　한 바가지의 물이 바닷물보다도 더 많다는 비유比喩를 진리화해서 전해지는 고사처럼 한 바가지의 물로 목이 말라 죽어가는 사람을 먹여서 살렸다면 그 공덕이 영원하지만 바닷물은 언젠가는 말라서 그 자리가 사막으로 변하기도 한다는 것으로 한 바가지의 물이 필요로 추구追究할 때는 뜻이 크다는 것을 은유화해서 대화들을 하니라.

　양심에 위배되는 행동을 했다면 인간으로서 자격미달이 될 것이나 남들의 장점만을 말하면서 남들을 칭찬할 줄 아는 자는 사랑받는 사람이다. 모두가 그와 같은 처신을 한다면 평안과 즐거움의 삶을 함께 누리게 될 것이다.

아름다운 모습

사랑과 행복, 도덕과 도리, 의도와 개념 같은 삶의 중심이 되는 진리와 이치는 인간들이 살아가는 유일한 존재가치의 이유이고 과제이다.

세상에서 가장 아름다운 모습은 자식들 입으로 음식이 들어가는 것이고, 가장 듣기 좋은 소리는 자식들이 기분이 좋아서 흥얼거리는 소리라고 하였으렷다.

불투명한 미래를 향해 날마다 마음 졸이면서 삶을 공유하는 인간이란 가족을 중심으로 살아가면서 좋아하고 필요로 하는 것들을 찾고 만들어가면서, 서로가 배려하는 아름다운 처신을 연대年代하는 유일한 생명체가 되는 것이리라.

어버이의 사랑을 받고 자란 인간은 남을 미워하지 않고, 어버이를 존경하는 자들은 남들에게 오만하거나 심술궂은 행동을 하지 않으며, 어버이를 공경하는 사람들은 행복한 가정을 만들어가는 훌륭한 가족들의 표본인 것이다.

콩 심은데 콩 나오고, 팥 심은데 팥 나오듯이 부모님의 올바른 모습들을 보면서 성장하는 자식들은 주변에서 칭찬을 받을 것이지만 오만한 성격으로 상대방을 기만하며, 거짓말로 속이는 상습적인 사기꾼들은 자식들도 그런 식으로 보고 배워 자랐기 때문에 똑같이 그러한 짓들을 하면서 살아가게 될 것이로다.

　대접받고 싶으면 내가 먼저 상대를 대접하라고 했듯이, 내 자식들을 고귀하게 만들고 싶으면 남의 자식들을 어여삐 하라 했음이다. 배려하는 마음, 양보하는 자세로 서로를 존중하며, 즐겁게 지내는 것만이 인간사회가 순조롭게 흘러가는 평화로운 곳이 될 것이다. 가족끼리는 오순도순 살갑게 지내는 것이 사람들이 살아가는 가장 아름다운 모습이면서 행복한 삶의 터전이 되어지리라.

이런 사회

인간보다 나은 짐승이 있다는 것은 짐승보다 못한 인간이 있기 때문이다. 편의시설 부정 이용자는 대부분이 내부자들의 소행이라 하는데 이유는 돈이라는 근거가 효과로 작용하기 때문이다. 정의와 규칙, 진리와 이치, 옳고 그른 경우와 상식까지 지폐가 모두를 지배하는 무지막지한 세상으로 가고 있다.

인간들은 마음에 와 닿는 키를 잡고서 투자라는 미로의 문을 열고 들어들 가지만 대부분의 사람들은 성공이라는 코드를 잡아내지 못하고는 반복되는 실패로 몰락의 길로 들어선다.

돈에 관련된 사채업자들이나 조직폭력배들의 무분별한 행동들 때문에 미워하면서도 두려워 할 수밖에 없는 것이 어디 그들뿐이겠는가. 내일의 주인으로 행세하고픈 부류들과 이미 지폐를 생산하고 규칙을 만들어 낙오자 무리들을 지배하는 그룹들까지 그 방향의 전문가들로 투쟁과 경쟁으로 아수라장인 현실 속에서 모든 인간들은 숨바꼭질하면서 버텨가고 있을 뿐이다.

인간들이 갖춰야 하는 것은 지식이 아니고, 양심에 맞는 행실이어야 하건만 오로지 돈이라는 목표를 향해 상대들을 밟고서 올라가고자 하는데 투자라는 매혹적인 감성을 이용하여 아이디어, 모티브, 창업으로 이어서 거짓으로 포장된 경제 인플레이션이라는 뻔뻔한 사기성 경쟁의 전투장이 되어버렸다.

물은 갇혀있으면 부패되고 썩지만 흐르면 흐를수록 정화가 되면서 기름진 옥토를 만들어간다. 돈이란 것도 이와 같아서 돌고 돌아야 시장 경제가 활성화된다는 논리로 돈과 물은 같은 이치로 세상의 흐름을 다변화 시켜보겠다는 논리이다.

그래서 세상을 통제하면서 지배하는 것은 인간들이 아니고, 돈이 되는 것이기에 돈의 신통력에 따라서 아직도 정신들이 오락가락하는 것이다. 당신들이 모르는 무언가가 있는데 지금도 알아내지 못하고 있기에 계속해서 고민을 하고 있는 것이리라.

먹고 살기위해서 라고, 어쩔 수없는 변명들을 늘어놓으며 두고두고 근심과 걱정거리를 생산하는 환상의 대명사, 논쟁의 아우토반, 돈이면 무엇이든 다 되는 세상아, 이제 그만 스톱하거라.

신들의 원조元祖

　　천국을 신들이 만들었다면 지옥은 인간들이 만들어 놓고 비판에서 찬양, 슬픔에서 기쁨까지 모두 지폐의 농간으로부터 조작되어 만들어지고 있다. 인간들이 만들어놓은 최상의 존재는 신神이 되겠고, 잠시도 외면할 수없는 지폐는 마약麻藥 같은 존재이다. 인간들은 자신들이 만들어 놓은 신과 지폐한테 혹독하게 지배를 당하면서 살아가는 것도 사실이다.

　인간들에게 삶의 휴식처는 신앙을 통해서 신의 품에 안기는 것이라 하였다. 믿음을 중심으로 하는 종교는 배려와 희생까지 각오하면서 신앙을 보존하고 유지하기위해 부단한 노력들을 하고 있는 것이라 하였으렷다.

　생각이나 마음속에서만 존재하는 각기 다른 다양한 신들도 반대로는 구걸하는 인간들의 숫자에 의해서 가지가지 스트레스와 노이로제로 고민에 빠져있을 것 같다. 지금의 아주 많은 새로운 신神들을 알지 못했을 때는 단순하게 천지신명이나 만물들에게 조상님들의 명복을 빌며 가정의 안정과 행복을 의지해 온 것이 인간들의 선택이고 소망이었을 것이다.

갈망하던 과제들을 성취해 보려고 최선을 다하는 과정에서 지능과 행동이 한계에 멈추면 신들을 찾고 불러보게 되는데, 여기저기 인간들의 숫자만큼이나 다양한 신들도 복잡한 고민은 인간들과 마찬가지 일 것이리라.

너무나 많은 숫자들이 너무나 많은 것들을 요구하러 몰려와서 칭송하고, 찬양하며, 애원하여 보지만 상황이 변하거나 좋아질 이유는 찾아보기도 어려운 것이고, 한편으로는 억압된 민중들의 쉼터이기도 하겠으나 지나치다보면 아편으로 변질이 될 수도 있으렷다.

일백년도 제대로 유지를 못하면서 천년만년 살 것처럼 처신하는 인간들의 서로 다른 다양한 모습들을 각양각색으로 지속하려면 또 다른 신들을 찾아서 모셔야 하는 번거로움을 양산量産시키는 일이 남아 있을 뿐이다.

최후의 심판대

천국에 갔다가 쫓겨 온 자가 없을 것이고, 지옥에 끌려갔다가 도망온자도 없을 것이니 때가 되면 가기 싫어도 저절로 가게 되는 운명의 영지靈池에 대한 사설이 무궁무진하니라.

언젠가는 모두 다 죽는다는 학설로 환상幻想 속에 빠져서 천당과 지옥이라는 논리를 특허 내어 간판까지 걸어놓고서 매관매직들도 하고 있다.

영생永生이 끝나고 나면 최후의 심판대에 올려 져 대자연이라는 세상에서 얼마나 좋은 일들을 하였고, 또는 어떻게 잘못을 저질렀는지 판단에 따라 판결을 받는다는데 악마의 심장이 올려진 저울추보다 솜털같이 가벼운 양심이 무거워야 신들이 계시는 천국으로 가고, 아니면 악마들이 지내는 지옥으로 가야 하는 운명론이 풍설로 도배를 한다.

인간들이 사라지면 신들도 사라지는 것은 자명自明한 사실인데도 인간들은 갈데까지 가자고 버티면서 양심을 속이고 감정을 속이면서 교육과 사육飼育을 고집하고들 있다.

신들을 즐겁게 해드리기 위해서는 거대하게 행사를 벌여서 어떠한 살생이나 죽음까지도 감수하는 특정지역의 특정한 행동들은 어느 한 시절에만 있었던 흘러간 이야기로 생각한다면 현실이 부끄러울 뿐이다.

그토록 오랜 세월 찬양하고 숭배하며 애원하여 보았지만 상황들이 좋아지거나 나빠질 리 없고 순리를 향해 저절로 시간과 세월의 형편 따라가는 것이 인간들의 삶이라 보이고 느껴질 뿐이다.

만일 인간들이 없다면 신들을 어느 생명체들이 찾고 섬기면서 봉양을 할까. 있는지 없는지 확실하게 알 수 없는 신들을 마음속에 담아놓고는 양심에서 우러나오는 신앙으로 간곡하게 기도하면서 섬겨보련만 기대하는 대로 이루어지는 것은 없으며 마음의 위로만으로 만족해야하는 것뿐이다.

천지만물은 신에 의해서 좌우되는 것이 아니고, 대자연의 법칙과 규칙의 방식대로 흘러가는 것이니 실체나 결과가 없는 곳에 숭배나 공경을 하지들 말고, 베풀고 헌신하는 쪽에 찬양이나 칭찬을 하는 것이 옳은 처사이리라.

건강은 아름다운 것

 각자의 인간들 자신의 얼굴에 세월의 흔적을 새기며 살아가고들 있으리로다.

신체는 정신과 영혼의 월세나 전세 집 수준에 불과하고, 고장이 나면 수리가 불가능하므로 오로지 관리를 잘 하는 것뿐이며, 건강만이 평화로움과 행복의 존재存在 가치로 남을 것이로다.

생존이 왜 필요한지를 생각하면서 살아가는 사람들에게 세상이 신비롭고도 아름다운 것은 우선은 건강하기 때문에 불편 없이 모든 것들을 보고 듣고 체험을 하기 때문일 것이고, 생활이 즐겁다는 것은 필요로 하는 것들을 찾고 만들어서 충족하기 때문일 것이다.

돈과 재물들을 천문학적으로 쌓아 놓고서도 계속해서 욕심을 부리다가 정신과 육체의 건강을 상실하고 나면 축적해놓은 재물들이 본인한테 어떻게 소용이 되겠는가. 비유比喩를 하자면 병원에 가다 오다 자주해야 할 것이고, 그러다가 가족들과 헤어져 병실에 누워서 또는 요양원으로 옮겨가서 후회하고 자책

自責하다가 마지막을 장식하게 될 것이다.

  슬픔을 달랠 수는 있겠으나 증오까지 잠재우지는 못한다고 했듯이 쌓여있는 재물財物더미마다에는 놓치기 싫어했던 가지가지 원한怨恨들이 묻어왔기에 재물들이 사라지기 전까지는 근심걱정이라는 고민에서 자유로울 수가 없을 것이다.

  돈이 있는 사람들은 시간이 없고, 시간이 있는 자들에겐 돈이 없고, 돈과 시간이 있는 자들에겐 건강이 없다고 했던가.

  돈만 있으면 사고 싶은 것 갖고 싶은 것 하고 싶은 짓들 다 하면서 누리고 살아갈 텐데, 돈이 없어서 못하고 사는 서럽고도 원망스럽기만 한 것이 서민들의 일상생활이라고 치부하는 것 또한 모순이리라.

  너무 많은 것들을 탐내기보다는 성실하고 충실하며 평안하게 지내는 것만이 인간으로서 사람답게 살아가는 의무이며 질서가 될 것이다.

3부 하늘이 다 보고, 땅이 모두 듣는다

처신處身을
마법의 물방울
이럴 수도, 저러할 수도
부질없는 욕심
서로 배려하며 살아가자
하늘이 다 보고, 땅이 모두 듣는다
이런 시대, 그런 세월
원리의 개념概念
인간들의 사회
욕심과 양심
허황된 소리가
비난의 대상은
무아지경
호시탐탐
자업자득自業自得

처신處身을

처세술의 첫 번째는 타협하지 않는 것이고 처신의 첫 번째는 상대방을 존중하는 것이라 했것다. 생각이 행동을 따라가면 불안하지만 행동이 생각을 따라가면 안전할 것이로다. 아름다운 사람이란 정의로운 모범을 보이거나 배려를 하면서 대가없이 자비를 베푸는 자를 말한다. 인간의 아름다움은 외모가 아니고 내면에 잠재해 있다가 필요로 할 때마다 사용하게 되는 언행이라 했으니 평소의 처신이 중요한 관건이라 하겠다.

단테와 베아트리체 같은 지고지순한 사랑이야기가 있는가하면, 열 번이고 백번이고 죽었다가 다시 태어나도 세상에 둘도 없다며, 당신과 다시 만나고 싶다던 연인들이 언제부턴가 숨소리조차도 듣기 싫다며 쳐다보기도 지겹다는 괴물들로 둔갑을 하는 요사스런 사랑들도 즐비하니라.

집은 좁아도 같이 살아갈 수 있지만 마음이 좁으면 같이 못 산다. 가까이 있는 사람들을 이해하면 평안을 만들어 가지만 옆에 있는 사람을 미워하게 되면 지옥을 만들 수밖에 없다. 그래서 인내심에 고갈枯渴이 난 인간들의 삶은 고달플 수밖에 없게 된다.

평안하게 살고자 한다면 오만과 교만, 욕망과 원망 같은 것들한테 지배를 당하지 말아야하는 것이고, 오히려 자신이 다스려야 할 것들이며, 보잘것없는 습관들도 다스릴 수 없으면 가차 없이 척결해야 할 것들이다.

힘으로는 열수 없는 것이 마음의 문이라고 했으나, 부드러운 말 한마디로 가볍게 열수 있는 것 또한 마음의 문이다. 상대방을 내가 먼저 칭찬해주고 가능하다면 부탁을 먼저 들어 준다든지 하면서, 배려하는 마음과 양보하는 자세가 성립이 되는 행동들이 서로에게 평안과 행복을 만들어 나눌 수 있는 아름다운 모습들이 될 것이다.

인간으로서 사람답게 살아가기 위해서는 서로가 고마워하면서 모두가 감사하는 마음과 예절을 갖추는 언행을 배우며 나누어야 할 것이다.

마법의 물방울

아무리 철두철미한 인간이라도 알코올이 머리로 들어가면 비밀이 밖으로 새어나간다고 했으렷다. 습관적인 기호식품들이 정신과 육체를 부분적으로 마비시켜 정상적인 기능을 삭제시켜 가는 것이고, 마법의 물방울도 그중에서 상위에 속한다.

대부분의 인간들이 단 하루도 참지를 못하고서 마셔대는 신의 물방울이라고 하는 '술'이라는 요물은 마시면 마실수록 집착성이 농후해서 끝장이 날 때까지 계속해서 먹어야 되는 마약으로 중독성이 강하여 마법의 물방울이라 하였것다.

천지 만물을 지배하시고, 극락과 지옥까지 관리하신다는 신들께서 재미삼아 만들어 마신다는 술이라는 요물이 인간들에게 정착이 되면서 상대에게 마음을 담아 한잔을 건네면 정을 담은 술잔이 되돌아오면서 적당히 먹게 되면 기분이 좋아져서 성인들의 흉내도 내보이지만 주거니 받거니 계속해서 먹고 마시게 되면 별아 별 일들이 벌어지면서 때로는 온갖 짐승들이 기절초풍할 장면들까지 신들의 물방울로 인해서 연출이 되는 것이다.

　인간이 바르면 생각이 모이고, 배려하는 처신에는 시선이 모인다고 하였으나 반면에 거짓 무용담에 가짜 영웅담까지 신들의 물방울이 부추기는 객기는 세상의 모든 것들을 자신들 마음대로 흔들고 주물러대고들 있으렷다.

　돈이라는 요물은 고통거리를 쌓아 놓고, 사랑이라는 요지경은 시달림을 만들어 내며, 감투라는 유령들이 걱정거리들을 붙들어오므로 시류를 따라야하는 인간들의 삶이 녹녹치가 않은 것이기에 근심과 고민을 잊어 보려고 다양한 술들을 생산하여 자주들 접하게 되면서 너무 많은 문제를 만들어간다.

　겸손하고, 순수한 사람은 대가없이 배려하는 사람이라서 누구라도 따라서 하고 싶은 좋은 사람이지만, 반대로 지나치게 사욕이 많은 인간들은 마법의 물방울까지 너무 좋아하다가 마귀가 되어가지고는 사회를 엉망으로 만들어 가고 있는 것이 사실이다.

이럴 수도, 저러할 수도

신神을 본 사람은 없지만 서로가 신뢰하고 사랑한다면 신앙이 마음속에 자리할 것이므로 신앙과 신은 같은 합의체이다.

양심 없는 쾌락을 즐기는 자들이나 인격 없는 지식만을 자랑하는 인간들이 설치고 지배하는 사회라서 생각하고, 정리하며, 의미 있는 시간을 만드는 것 중에 조용하게 기도를 드리는 신앙의 시간들이 스트레스 속에서 살아가는 인간들에게는 최상의 위안을 갖는 공간이 아닌가한다.

잔존殘存하는 것들끼리도 나눔이나 배려가 없으면서 존재하지 않는 것들을 숭배하는 혹간의 조직들은 모두가 함께 행복하게 살아가자는 전제를 앞세워 거짓으로 속이고 궤변으로 기만하면서 보이거나, 들리거나, 있지도 않은 것들까지 가상의 실체를 만들어 극대화하여 놓고는 찬양, 숭배, 우상화하여 수호신으로 모셔놓고는 오랜 세월 대를 이어 선량한 인간들을 속여 오고 있는 것이다.

배려하고, 양보하며, 평생을 헌신하면서 살아가는 지극히 아름다운 사람들이 앞장섰던 기존의 종교들은 신앙으로서 철저하게 관리하여 왔으나, 한편으로는 가면을 쓰고 도용盜用을 하여 사이비라는 오명을 만들어가는 무리들이 더러 또는 이따금 나타나서 설쳐대고 있는 중인데, 없는 말을 지어내는 것 같은 그들의 이야기도 나름대로 설득력이 있는 것 같고 저들의 또 다른 이야기도 한담으로 들리는 것이 이이러니 할 뿐이다.

  이럴 수도 있고 저럴 수도 있는 것, 이렇게도 해보고 저렇게도 해보면서, 부족하면 채워주고 넘쳐나면 나누어주는 풍요로운 자연의 이치 속에서, 잘하는 것에는 칭찬을 보내고 잘못된 것에는 배려와 관심을 보이면서, 서로의 인간들이 안정과 평안을 찾고 협력을 만들어가는 중심체 역할이 필요한 것이리라.

부질없는 욕심

세상이 누구의 것도 아니니 다 가지시구려. 그러나 싸우고 이겨서 세상을 다 차지한다 해도 시간과 세월이라는 상대한테는 무릎을 꿇을 수밖에 없을 것이다. 욕심을 추방하지 못하면 근심, 걱정, 고민이라는 스트레스로 평생을 고생하면서 살아가는 수밖에 다른 대안이 없느니라. 인간들에게 희망이라면 병들지 않고 늙지 않으며 죽지 않는 것이 최상의 소망이 될 것이오.

재물이 쌓이는 곳에는 관심들이 모여들고, 관심이 모이는 곳에는 불공정한 사건사고들이 벌어지게 되어있다. 날마다 마음 졸이면서 살아야하는 것이 인간들뿐만 아니라 모든 동물들도 그러하다. 조급한 마음에 참을 줄도 모르지만 기다리려고도 하지 않으면서 아쉬움과 조바심으로 버텨가는 것 같다.

지능을 가진 인간들만은 양심과 인내로서 참고 기다리려고 노력은 해보지만 대부분은 양보나 배려하는 행실들이 부족한데다 급하게 서두는 과정에서 과오가 생기면서 다투는 경우들이 자주 벌어지기도 한다.

지식과 더불어 모든 것을 풍족하게 갖춘 자들도 야심의 끈을 놓지 못하기 때문에 번민과 갈등에서 벗어나지 못하는 것이다.

물질의 영향으로 살아가는 인간들에게는 부족한 양심과 넉넉한 인심으로 나누어져 있어서 배타적인 곳에서는 삭막한 상태지만 나눔을 실천하는 곳에서는 웃음꽃이 피어 나니라.

질서를 외면하는 지나친 의욕과 야심들이 오해를 만들고, 오해는 의심과 불신을 만들어내며, 불신은 미움이나 혐오감을 낳고, 혐오감은 증오로 이어져 원한까지 만들어 갈 것이다.

어느 누구라도 정의감이나 즐거움을 모르고 쾌락을 싫어하는 자가 있겠는가. 다만 짐승들처럼 구분과 판단을 못해 모든 것을 망가트릴까 염려해서 조심하여 참아 낼 뿐이리라.

인간으로서 사람답게 살아가는 길은 열심히 노력하고, 그 다음으로는 운명과 팔자대로 살아가는 것이 정도正道가 될 것이다.

서로 배려하며 살아가자

　남의 행동이나 말을 살필 줄 아는 자는 이유나 동기를 알게 되면서 하는 일의 까닭이나 방법도 알게 될 것이로다. 털려고 들면 먼지 없는 자 없을 것이고, 덮으려고 하면 못 덮을 허물이 없을 것이며, 밉게 보면 꽃도 잡초로 보이고 곱게 보면 잡초도 예쁘게 보일 것이라 하였느니라.

　다른 사람의 눈에 들기는 어려워도 눈 밖에 나는 것은 한순간이다. 똑똑한 자들 보다는 남들에게 배려하고 양보하는 처신을 하는 사람들이 안정된 삶을 유지할 것이라 하였는데, 명예를 갈구하거나 높은 자리를 욕심내기보다는 품격과 경우와 상식을 갖추려고 노력하는 사람들이 평온한 삶과 행복을 누릴 것이라고 선조先祖들은 말씀하셨다.

　귀가 얇은 자는 그 입 또한 가랑 입처럼 가볍고, 귀가 두꺼운 자는 입이 바위처럼 무거울 것이며, 말을 잘하는 자者보다는 남의 말을 잘 들어주는 자가 신뢰를 얻게 된다고도 기록으로 남기셨다.

　겸손한 처신은 사람들의 양심에 작게나마 감동을 남길 것이고, 칭찬을 즐거이 하는 자는 사람들 사이를 가깝게 만들며, 생각이 깊은 자는 남의 마음을 본인의 마음처럼 생각한다고 하였으렷다.

빛은 생명들을 탄생시키는 근원을 만들어가고, 물은 자세를 낮출수록 막힘없이 가는 길을 알렸으며, 공간은 비워야 다툼이 없다는 법을 알리고 있듯이 옛날 옛적에 노자라는 분은 도리를 지켜야 사람이 인간답게 살아갈 것이라는 도덕경이라는 글을 남기셨다. 장자라는 분은 자연을 거슬리지 말고 순응해서 살아가야 평안하리라는 글을 남기셨듯이 슬기롭고 지혜로운 많은 분들이 육신은 자연으로 돌아가셨지만 뜻과 언행은 다방면으로 남아서 인간들의 삶에 지침서가 되고 있으리로다.

하늘이 다 보고,
땅이 모두 듣는다

　가만히 들어가서 속삭이지 말고 문을 열고 같이 나와서 허심탄회하게 대화를 하자. 하늘의 이치는 땅에서 나타나고, 땅에서의 도리는 하늘이 굽어보리라.

　인간들은 자연이 주는 선물들을 먹고 마시면서 활용하여 살아가는 생명체의 일부가 분명한 것이면서 아주 빠르게 진화한 행운으로 보아도 좋을 선택된 동물이기도 하다.

　사리분별이 명확한 인간들의 실체가 가장 우수한 생명체로서 분명한 사고력의 소유자이다. 우수하고 고귀한 존재라서 이렇게도 많은 각종의 사건사고들을 만들고 저질러서 세상을 혼란 속으로 몰아가는 짓들을 하는 것이 맞는가도 의문이로다.

　수억만 년 이어오는 자연의 이치와 생명들의 순리를 짧은 기간에 책임과 의무까지 외면하면서 멋대로 망가트려 놓았으니 어마어마한 재앙들이 여기저기서 벌어지고 있는 것이 아닌가도 싶다.

　태고시절부터 인간들은 자연의 원칙을 하늘과 땅의 신神으로 간주하여 천지신명이라 부르며 숭배하여 왔던 것이고, 이후로는 하나님과 부처님을 비롯하여 많은 신들이 나오면서 경우와 상식이 중심이 되는 자연의 대변자 역할을 인간들을 통해서 하고들 계시다.

태어나는 것이 있으면 사라지는 것이 있듯이 자연의 순리 속에는 모든 것들이 변화를 계속해서 반복하여 새로움을 추구해 나아가고 있는 것이라 사료된다.

지극히 자연스러운 선행들이 베풀어지기도 하지만 무자비하고도 처참한 재앙들이 벌어지기도 하는 것이 비켜갈 수없는 자연의 법칙이 될 것이며, 쫓고 쫓기고 먹고 먹히는 생명체들의 치열한 생존경쟁은 수수께끼 같은 어쩔 수없는 자연自然만의 영역의 이치가 아닌가 한다.

인간들은 지식과 지능으로 만들어진 양심이 있어서 사람으로 책임과 의무를 다하면서 살아야 할 것이고, 짐승들은 짐승으로 벌레들은 벌레처럼 본능으로 살아가는 것이 대자연과 함께 가는 길이 될 것이다.

이런 시대, 그런 세월

 잔인해야 견딜 수 있나!
비굴해야 살아남을 수 있나!

재물을 많이 모으면 시기하는 자들이 많아지듯이 감투를 쓰거나 명예를 얻으면 적들이 생기는 것은 분명한 사실이다. 가지고 싶은 만큼 고통도 커진다는 것을 알면서도 근원이 되는 욕구는 생명이 다하는 그때까지 붙들고 놓지 못하는 것이 인간들의 탐욕이 되겠다.

과거 군국주의 시절을 되돌아보면 세상 어느 곳도 예외 없이 인간들은 계급으로 구분하여 양반과 상놈으로 나누어 놓았는데 양반들은 막강한 권력에다가 이권까지 차지하여 그네들이 말하는 지상천국에서 마음대로 누렸고, 상놈들 쪽은 말 잘 듣는 짐승들 취급을 하도록 철저하게 훈련을 해왔던 것이다.

상놈은 양반들을 똑바로 쳐다봐서도 아니 되고, 대답이외는 의견이나 이유를 물어서도 안 되며, 움직여 순종하는 물건취급으로 학대를 당하면서 살아왔기에 세상구석구석에는 불가사의라는 고딕양식 기념물들이 즐비하게 세워져있어서 지금까지도 오랜 세월을 칭송을 받으면서 고적답사 관광이라는 구경거리를 제공하고 있는 것이다.

죽지 않는다는 불로장생, 영생불사, 축지법까지 외워대면서 뻔뻔한 지도자나 통치자들은 죽지 않고, 신선처럼 영원히 살아남고자 불로초라는 식물들을 채취해서 복용을 하거나 희귀한 동물들을 도살하여 오래도록 고아서 보신하면서 거대한 건물을 짓는 것에 관리감독을 하였으렷다.

누구들이 어떻게 왜 정신적 신체적인 고통과 시련을 당하면서 만들었는지에 대해서는 생각이나 기억조차 못하고는 감탄을 하면서 구경들을 한다.

어느 누구도 시간을 멈추게 한자도, 세월을 되돌아 거슬러 온자도, 죽었다가 다시 돌아 온자가 없듯이 권력과 재물로 무엇이든 마음대로 할 수 있을 것 같지만 수명만은 시간을 이기지 못한 것 같다.

헤아릴 수없이 많은 인간들이 재물과 명예와 권력까지 욕심껏 움켜쥐고는 천년, 만년, 살아갈 것처럼 발악을 하지만 시간과 세월은 가만히 그대로 놓아두지를 않았으렷다.

원리의 개념 概念

🌿 　빛이 밝을수록 그림자는 짙어진다고 하였던가.
　햇빛이 비치는 사물들의 반대쪽에는 똑같은 그늘이 생기듯이 양지가 있으면 음지가 생기고, 웃었던 만큼 울어야 하며, 즐거워했던 만큼 괴로워야하는 것이 만물을 상대로 살아야하는 인간들의 삶이라 할 것이다.

　대부분의 사건 사고는 어두운 곳에서 만들어지며, 환하게 밝은 곳에서 나쁜 일들이 벌어지는 것은 극히 드문 일이다.

　높은 위치에 오른 자들은 올라오는 과정에서 서운한 경쟁자들도 만들었을 것이고, 처지의 비굴함이나 비통한 인간들의 부러움보다는 반감에서 오는 원망의 대상이 되기도 하는 것이기에 오래지않아 내리막길을 재촉하는 쓰라린 과정이 기다릴 뿐이라 하였느니라.

　미래를 준비하기 위해서 날마다 마음 졸이면서 살아가는 사람들이 이토록 힘들고 역겨우며 비참한데 오래전에 사라져서 흔적조차 희미한 자들을 칭송하고 찬양하며 극찬까지 해대는 이시대의 인간들은 도대체가 어떤 생각과 마음으로 그리들 하면서 살아가는지 아이러니 하도다.

인간들의 감정이나 양심 속에는 이해관계가 없는 곳에 칭송과 찬양이 모이지는 않을 것이다. 곤란한 곳에 도움이 되었거나 위태로움을 모면하게 하였다거나 헌신하며 베풀고 나누는 모범을 실천하는 곳에 칭송과 칭찬이 향하게 되는 것이 아름다운 사회로 가는 길이리라.

옳고 그름이라는 개념의 근원을 찾아보고, 경우와 상식선에서 감동과 감명을 선택하여 그 진로進路들을 만들어간다면 불쾌하고 오만한 것들은 물러서거나 사라질 것이다. 고귀한 감정에서 나온 생각과 마음이 희망의 길들이 될 것이다.

인간들의 사회

🌿 가진 것이 없고 신분이 비천할지라도 세상에 태어났다면 주거할 집과 입어야 할 옷과 먹어야할 것들이 우선적으로 갖춰져야 사람으로서 살아가는 사회에 기대하는 것이 인간들의 희망이로다.

성공과 실패라는 두 갈래 길에서 희로애락이라는 여정으로 나누어진 험난한 미래를 헤쳐서 나아가는 것이 인간들의 삶이다.

존엄을 상실한 비겁하고 야비한 행동으로 모두에게 실망감만을 안겨주는 자들도 인간이 분명할진데 어째서 양심과 지능을 가진 인간들의 수준이 이정도 밖에는 안 되는가. 다투면서 경쟁하고 싸우다가 화해를 했다가 별일들을 다 겪으면서 부단한 노력으로 다듬어서 만들어가는 문명의 시대란 것이 겨우 이런 것인가 하고, 많은 사람들이 걱정들을 하고 있음이로다.

역사와 흔적들을 비추어 보면, 무지한 과거에도 옳고 그름이라는 경우와 상식을 갖추고 있으면서도 과욕 때문에 무모한 전쟁을 유발하여 무자비하게 탄압과 침탈들을 했었고, 반대쪽에서도 혹독한 유린을 당하면서 간신히 또는 가까스로 지금의 시대까지 흘러서 온 것이 아니던가.

　문명의 시대라고 하는 지금의 시절도 크게는 전쟁을 하는 국가들이 있고, 사방 구석구석에서는 폭력과 테러, 폭행과 살해, 별아 별 잔인한 상상 이상의 짓거리들이 계속해서 이어지고 있는데, 인간들이 얼마나 이기적이고 무자비한 동물들인지는 가늠조차하기 어려울 정도이다.

　순수해야만 하는 어린 청소년들까지도 오만하고 교만하며, 이기적인 행동들이 점점 늘어나고 있으니 앞으로 다가올 미래는 생각과 설명으로 구분하기가 불투명하게 되어있다.

　외면하고 피하면서 관심을 접어야 지탱이 가능한 시절이라서 오로지 배려하는 마음과 양보하는 자세와 용서하는 행동들만은 명맥처럼 간혹 이어지므로 사회를 간신히 지켜가는 것으로 보일 뿐이다.

욕심과 양심

 아무리 좋은 약도 부작용이 있듯이 좋은 인연도 단점은 있으렷다.

사람은 경우와 상식을 외면하는 이후부터 고통으로 가는 길로 들어선다. 제멋대로 구겨진 교양에서 도리까지 통제 불능상태는 갈수록 태산이다. 모든 사건 사고는 갈망이라는 욕심에서 시작하여 탐욕이라는 사욕으로 발전하는데 과도하게 초과하다보면 과유불급이라는 정거장에서 뉘우침의 기회마저 상실하고 늪이라는 정거장에서 하차하게 되어 있다. 조물주가 실수를 하고 신들마저 실패한 작품이 인간들 세상이라고 말들을 한다.

사회에서 얼굴을 아는 사람이야 셀 수 없을 정도로 많겠지만 마음까지 알 수 있는 사람은 얼마나 될까? 어쩌면 두 명, 또는 한명까지도 장담할 수 없는 시대가 되어버렸다.

인간이란 욕심과 양심이라는 두 가지 반대의 규칙을 지니고 있기에, 연민과 미움이라는 두 갈래 길을 옮겨 다니며 살아가는 비정하고도 아이러니한 동물이 되겠다.

관리를 제대로 못한 욕심의 뒤로는 상대방에게 상처를 남기면서 불평과 미움, 원망과 증오가 따라다닐 것이리라.

모두가 좋아하는 돈을 마음에 담아두고서 관리를 제대로 하지 못하면 고민과 근심이 가중될 뿐이고, 재물은 좋아하면 좋아할수록 사람과 사람사이 벽이 높아진다고 하였으니 친분이 두터울수록 금전거래는 삼가고, 가까이 지내고 싶으면 돈이 끼어들지 못하게 하라고 하였느니라.

불안정한 현실에서 불투명한 미래를 향해가는 대부분의 인간들에게 희망의 끈이 있다면 우호적인 관계를 유지하기 위해서 서로가 협력하면서 조금 더 나은 내일을 향해 열심히 최선을 다해 노력하는 것뿐이다.

인간이 덕德을 쌓으면 경사스런 일들이 생겨날 것이고, 악惡을 쌓으면 불행을 만난다고 하였는데, 살면서 부자가 되기는 어려워도 마음과 행동에 따라서 얼마든지 행복해 질수는 있는 것이다.

분명한 것은 욕심을 양보하니 스트레스는 물러나고 행운이 행복과 나란히 저만큼에서 미소를 보내며 다가오고 있으리로다.

허황된 소리가

 고통의 순간들이 성숙한 인간들을 만들어간다고 했던가?

사심을 멀리하는 자는 근심으로부터 멀어지고 야심을 가까이하는 자는 걱정이 떠나지를 않는다고 했으렷다. 인간은 이치에서 벗어나는 순간부터 고뇌라는 현실과 마주하게 되니라.

생각 없는 악질적인 인간들이나 양심 없는 사악한 무리들 속에 윤리나 도리를 갖춘 착한 사람들 몇 명이 섞여 있다면, 소수인 성실한 이들에게 잘못되거나 나쁜 것들을 모두 뒤집어쓰게 만들어 놓는 게 파렴치한 인간들의 야비한 짓거리이다.

공정과 평등을 말하는 고위직 공직자들이 축지법과 관심법에 통달을 했다고 한들 빈곤과 실업失業으로 인해 범죄자와 극단적인 선택 자들을 만들어가는 이런 시대 이런 상황들을 어떻게 정리를 해보겠는가.

사악한 인간들의 야심이나 허욕 때문에 이러면 이래서 안 되고 저러면 저래서 안 된다는 허무맹랑한 사회적인 구조가 지배적으로 만들어 계속해서 생산이 되고 있지 아니한가.

흉물이 되어있고 악질이 되어가는 이런 시대는 이들도, 저들도, 다 같은 족속들이라서 부정과 부패까지 오랜 시절을 거듭해서 만연되어왔고, 그렇게 또 하루를 넘기려면 임시방편으로 치료를 해야 하는데 소금도 상했고 소독약도 썩어서 부식腐蝕이 심하여 사용이 불가능하게 되어 버렸것다.

어진 자들 보다는 강인한 자들이 남는다고 하더니 강인한 자들보다는 잔인한 자들이 살아서 남기에 세상은 이렇게 험악하고도 극악무도하게 되어 가는가 보다.

남에게 피해 주지 않으면서 눈길이 닫는 대로 발길이 가는 대로 살아가는 것이 행복하면서 낭만적인 삶이 될 것 같으나 인간들이 살아가는 세상과 사회는 그런 경우境遇를 가만히 두고 지나가지를 않는 상황이다.

비난의 대상은

신神이 잘못 만든 야비한 수단가들일까, 음흉하고 음침한 무리들일까, 유일하게도 사악하고도 비정한 동물이라는 타이틀은 따라다닌다.

세상에서 가장 쉽고도 재미있는 것은 남들을 험담하고 비방하는 것이라 했고, 값어치 없는 처신 또한 남을 비판하고 판단하는 것이 된다. 반면에 가장 어려운 것은 자신을 평가하는 것이라 했는데 이런 시절에 싸움의 불씨를 만들지 않거나 구설수를 듣지 않으려면 들려오는 말에 감정으로 대꾸하지 않는 것이다.

한창 혈기왕성한 젊은 남성들은 남성끼리, 여성들은 여성끼리, 특정한 전례나 관례를 교육을 목적으로 하는 종교의식을 한 공간에서 오래도록 같이 먹고 자고 생활을 하게 하는데 이런 곳에서는 음성적으로 어떤 일들이 벌어지게 될 것이라는 것은 달밤에 달을 보듯이 빤한 이치인 것이다.

이런 시스템의 대단한 단체나 집단들이 성소수자들을 유난히 중상모략으로 비난하는 것은 의문스럽다 못해 자신들의 얼굴에 침 뱉는 격이 되는 것이리라.

  본인들이 하고 싶거나, 되고 싶어서 성소수자라는 호칭을 받는 것이 아니고, 그런 성격으로 타고난 것뿐인데 동성은 안 되고, 타성만이 된다는 규칙과 제도를 만들어 사용 중에 과오가 생기면 비난의 대상은 자신들이 되련만 소수자들에게 뒤집어 씌워서 사사건건 빈난하고 있으니 알다가도 모를 아이러니한 세상이다.

  사회에서는 각종의 사건 사고들이 헤아릴 수도 없이 벌어지고 있는데, 그중에는 성소수자들 하고는 아주 거리가 먼 가지가지 불륜에 강도 강간 살인범들이 시도 때도 없이 계속해서 난동까지 벌어지고 있는 중이다.

  어떤 부류의 인간들이 하는 짓거리인지 분명하게 밝혀야 할 것이고, 자신들이 저지른 만행까지 소수자들에게 뒤집어씌우는 만행의 허물이나 비난은 가재는 게 편이 되는 이들에게나 하는 것이 마땅하지 않겠는가.

무아지경

　❦　상대를 존중할 줄 모르는 자는 자신도 남들한테서 인정받지 못할 것이다. 지혜와 지능으로 올바른 가치관과 판단력 또는 관대하게 너그러움을 갖춘 자라 할지라도 득得과 실失이라는 양면으로 분류해 향락과 쾌락이라는 범주에서 유연하거나 완벽한 처신을 하기는 어려우리라.

　인간이 귀貴하고, 천賤한 것은 갖춘 것이나 신분이 아니고 본인들의 언행에 따르는 처신이 되렷다. 세상만물의 이치를 꿰뚫는 지식을 갖춘 자라도 또는 무궁무진한 재물을 축적한 부호라 할지라도 행실이 바르지 못하면 사람으로서의 가치를 유지하고 있다고 보이지가 않는다.

　부귀영화를 누리는 1%의 공사公私직 무리들은 1원 한 푼도 나누어 가지려고 하지 않는 행실이고, 누리는 권익의 조그만 자리도 내줄 수 없다는 처신들뿐이다.

　가진 것으로 만족할 줄 아는 자들은 타고난 수명을 다 채우지만, 만족을 모르는 자들은 명命을 못 채우고 사라져 간다고 한다. 그 이유는 만족을 외면하는 자들은 욕심으로 인해 근심

걱정 고민에서 벗어나질 못하므로 타고난 수명을 다 채우기가 어려우리라.

오만은 불손한 감정이 붙어 다니고, 교만은 무례한 행실이 따라 다닌다고 했다.

하루는 8만 6천 4백초라는 계산이 되고 1초에 3~4명의 인간들이 태어나며, 각종의 사건사고까지 포함하여 2~3이 죽어 사라진다는 계산들이 나오고 있다.

조만간에 지구 인구가 1백억이 넘어갈 것 같은 추산인데도 이렇게나 많고도 많은 무아지경의 인간들 중에 유아들이나 발달장애인들 빼고서 근심 걱정 없는 자가 얼마나 되겠는가.

대부분은 가난 때문에 근심과 고통이고, 나머지는 욕심 때문에 고민일 것이니, 본인만이라도 다른 길을 가보려고 노력해 보는 것도 해결책을 찾는 유일한 방법이 될 것이다.

호시탐탐

짐승들은 먹이를 건드릴 때 대들고, 인간들은 돈이나 자존심을 건드릴 때 발악을 한다. 먹이를 앞에 놓고서 다투는 개나 고양이들처럼 호시탐탐 기회나 찬스를 노리는 인간들 또한 그것들과 다를 것이 없으리로다.

우스꽝스러울 정도로 엉뚱한 모습도 보였다가 무서울 정도로 사납고, 사악하며, 추악한 행동을 하는 지킬박사와 하이드로 비유한 간혹 그런 인간들이 있기 때문이리라.

사람이 인간노릇을 제대로 못하면 짐승만도 못한 것들이라고 수군거리는데 자신의 과거를 뒤돌아 보고나서도 자신 있게 할 수 있는 소리인지 생각해 봐야 할 것이다.

새로이 밝은 빛 아래 모두들 서둘러 움직이는 것들 속에서 늑대보다 더 잔인하고, 살쾡이 보다 음흉한 괴물들이 다시 또 떠들어대고, 이간질하며, 티격태격 싸움이 시작된다.

듣고, 보이는 것들 단 몇 초만 생각하면 판단이 가능한 지능들을 가지고는 있지만 내가먼저 더 많이, 더 빨리, 에 집착하면서 살아가는 욕심덩어리들이 우세하게 판을 치는 세상이다.

그네들의 머릿속에는 온통 야심과 허욕뿐이고, 양심을 누르고, 있는 보따리마다 사욕과 탐욕 육욕과 이기심으로 바리바리 쌓여있어 양보와 나눔, 화해와 용서는 뭉개져 버렸고, 일부는 권력과 부기영화를 누리면서 향락과 노닥거리는 중이다.

대부분의 무리들 경우와 상식은 양심 속에서 한발자국도 밖으로 나오질 못하고 있고, 무지와 충돌한 정의와 공정성은 기절했다가 졸도해 버려서 다수의 이런 자들은 천국과 지옥사이를 헤매면서 하루하루를 간신히 버텨가는 중이다.

삶의 정답은 없으나, 결말의 해답은 분명하게 있다고, 했으니, 확고한 판단력을 가진 사람들은 사회를 불평하거나 형편을 낙담하느라 시간을 낭비하지 말고, 살아가는 그날까지 최선을 다하는 도리밖에 달리 방도가 없을 것이다.

자업자득 自業自得

저들이 무엇 때문에 왜들 저리하는 것인가. 늙지 않고 죽지 않는 약이라면 몰라도 도깨비 방망이나 요술 램프로도 저들의 주머니는 채우지 못할 것이다.

자신의 머릿속에 있는 비밀창고에 투자를 하면 대박이 날거라고, 각종의 전파를 통해 유인하는 환상의 쇼에 너도나도 달려들어 몽상의 꿈들을 꾸고들 있느니라.

알면서 속이고, 속아서 무리에 가담하여 놀아나는 패거리들은 사기인줄 알지만 다른 자들의 투자금을 당겨 먹자는 심보는 누구도 예외가 아닌 것이며, 더불어 비밀이란 궁금증과 두려움을 유발하는 짜증나는 습관성 도박판에 너도나도 어울려 놀아나는 곳이 되어버렸다.

내 것이라고 생각되는 것은 돌부리 하나도 손대는 것을 꺼려하면서 다른 사람들한테서 오는 것은 과분한 것들도 거드름을 피면서 받아들이는 음흉한 인간들이 활개를 치는 사회이다.

공짜나 투자금 뒤에 다양하고도 상당한 이익금들이 보인다면 그 속에는 올가미나 낚싯바늘이 분명하게 숨어 있다는 것을 알아야 하는데 생각조차 못하고 덤벼들기도 한다.

타도打倒의 대상이 누구라도 외예일수가 없도록 만들어진 조직망 안에서 눈앞의 이익에만 정신들이 팔려 뒤에 숨어있는 무서운 함정이나 미래에 찾아오는 사건사고들은 꿈조차 꾸어보지를 못한다.

행복을 꿈꾸면서 배우고 지켜왔던 윤리와 도리, 경우와 상식 같은 양심에서 나오는 관념은 사기꾼 앞에 설자리를 잃은 허수아비들이다.

사기를 쳐서 모아놓은 재물들 또한 절절이 한이 맺힌 요물들이 묻어왔기에 애물덩어리로 두고두고 애를 먹이다가 바닥이 나면 사기꾼도 따라서 바닥으로 쓰러지게 되어있다.

4부 거대한 무덤 지구촌

본인들이 신神이라서
법치국가에서 왜
어쩔 수 없는 사회로
뻔뻔한 속셈
기대치
양심은 있는가
과감한 결심만이
예, 또는 아니요
메시지의 기준
모셔야 살아서 남는다
신이 있다, 없다
거대한 무덤 지구촌
전쟁과 인간
순리順理대로
신神과 지폐의 권력

본인들이 신神이라서

인간들은 천국과 지옥을 만들어 놓고는 천국에는 신들을 모셔다 놓고서 가지가지 치장을 하여가며 찬양을 하여대고 인간들은 지옥에서 핑계와 변명이 난무한 음모론으로 서로가 서로를 다스리고 있는 중이다.

원래부터 모셨던 천지신명이라는 자연의 이치를 믿는 것은 당연시 할 만하지만 인간들이 필요에 따라서 만들어놓은 실체가 없는 가지가지 다양한 신들에게는 신뢰의 의문점이 따라다니는 것도 사실이다.

유사 이래로 생명으로 태어난 것들이 계속해서 유지하며, 지탱하는 것이 몇 가지나 되겠는가. 길게 짧게 또는 잠깐씩 세상이라는 곳에 나왔다가 사라지는 것들까지 삼천만 종種이나 된다고 하였기에 삼라만상이라는 자연의 이치가 되는 것이 아닌가도 싶다.

그중에서 인간이란 유기체有機體는 어느 정도 성장기부터는 유별나게 돈과 성욕만을 갈구하고 열망하면서 살아가게 되는데, 이것들의 틀에서 벗어나거나 관리를 하지 못하면 살아있는 내내 근심과 고민이라는 노이로제에서 헤어 나오지를 못하게 되어 있다.

　부와 명예까지 갖춘 자들은 가지가지를 누리면서 살아가지만 반면에 차지하고, 축적蓄積하는 과정에서 만들어진 반축, 증오, 불평, 불만, 원한怨恨 같은 것들이 따라붙어 다니기에 경우나 상식에도 안 맞는 엉터리 신법들까지 형편에 따라 날조하여 사용하느라 고심과 고뇌에서 벗어나지를 못하는 것이리라.

　만물이란 다 같은 생명을 달고 세상에 나왔으나, 인간만은 옳고 그름을 구분하는 양심들을 갖추고 나왔으니, 경우와 상식에 위배違背되는 처신을 해서 무작위로 자연을 훼손하거나, 오락이나 취미로 가녀린 생명체들을 살상 또는 유린해서는 안 될 것이다.

법치국가에서 왜

정의를 바로 세우고자 법法들이 만들어지고 있다. 현재의 잘못을 벌하지 않으면 미래의 위법자들에게 용기를 줄 것이고, 오늘의 범죄를 벌하지 못하면 내일의 범죄자들에게 구실口實의 기회를 만들어 놓는다.

대다수 국민들은 법을 지키라 해서 준법정신으로 철저하게 무장이 되어있는데, 법을 만든다든지 시행하고 감독하는 쪽에서는 일부가 규칙이라는 준법정신을 늘리다가 오그리다가 하면서 엉터리 오점들을 남겨가고 있으렷다.

원칙 없는 정치철학으로 이렇게 말을 하면, 이래서 안 되고 저렇게 말을 하면 저래서 안 된다는 기막힌 논리와 규제를 만들어 가지고는 국민들을 힘들게 하는 시기가 종종 있었느니라.

범죄자들을 잡아놓고서도 법이 없어서 처벌을 못한다는 황당한 소리에 국민들은 귀를 의심할 정도로 정황을 고민하게 되는데, 본인 발등이 남의 발에 밟히면 성격을 드러내지만 자신의 발이 남의 발등을 밟으면 사과 대신 눈치를 본다는 인간들의 처신을 유감없이 드러내는 장면이 되겠다.

세상을 다 준다고 해도 바꿀 수 없는 것이 사람의 생명이거늘, 사기꾼들한테 모든 것을 갈취 당하고 더 이상 견디기가 어려워 극단적인 선택을 하는 자들이 이어지는데도 완벽한 해결책을 만들지 못하고서 논쟁만 계속 중이다.

하루가 멀다 하고 벌어지는 각종의 사건 사고들, 우리는 언제나 이런 사회에서 전전긍긍 두려움을 감수하면서 아이러니하고도 기가 막힌 운명들로 살아가야 하는 것인가.

법치국가에서 정의와 자유는 모든 국민들이 갈망하는 희망사항이다. 이 원칙이 시행되고 있는데도 법을 우스갯소리로, 코에다 걸면 코걸이 귀에다 걸면 귀걸이라 한다. 터무니없는 말 같으나 규제도 가능하고 해결도 가능하다는 뜻으로 해석하면 코미디 같은 소리만도 아닌 것 이니라. 법의 울타리 안에서는 어떤 이유를 막론하고 공정해야 한다.

양심을 갖춘 인간들 사회에서 실수한 것에 대한 사과라면 용서가 가능할지 모르나 고의나 임의로 하는 잘못은 영원히 지워지지 않으리라.

어쩔 수 없는 사회로

평화냐 전쟁이냐, 대화냐 대결이냐. 이네들이 꿈꾸는 사회는 어떤 것이기에 이렇게까지 피터지게 싸워대는 것인가. 자유민주주의란 애국자와 독재자의 투쟁으로 견뎌가는 국가들을 지칭하는 것이라 하였는데, 민주주의의 중심에서 공정하고도 준엄한 판단과 판결을 주도해야 할 법法들이 심판대 위에서 야유를 받는다든지 또는 도마 위에 올려져 난도질을 당할 형편이라며 조롱을 하는 시대가 제대로 되어 가고 있는 시국時局인지 의문스럽기도 하다.

뻔뻔한 사기꾼이 사기꾼을 옹호하고, 고쳐서는 안 되는 규칙까지 바꿔가며 불손한 의도로 도적놈이 도적놈들을 관리하는 기가 막힌 이러한 사회는 양심들을 방치해 놓아서 그리된 것이리라.

가해자와 피해자의 판결을 뒤바꾸어 놓는 비열한 자들은 어떤 족속들이며, 이런 자들 주변에서는 매우 위험하거나 아주 더러운 짓거리들을 도맡아서 실행하는 패리들까지 모여들어 사회는 온갖 음모와 모함이 심판하고 해결하며 거짓으로 도배되어가고 있으리로다.

　야비한 인간관계란, 충견인 개와 주인 사이보다도 못해서 잠시라도 규칙에서 이탈하는 조짐만 보인다면 호시탐탐 뒤통수를 노릴 기회를 계산하고들 있으므로 언제 어느 때 낭패를 당할지 모른다. 가혹하고도 비열한 것이 인간들 사회가 되겠다.

　사실을 거짓이라고 대답을 하고, 거짓을 사실이라고 말을 하면서, 양심을 속이는 인간집단들이 왜 존재하며, 보석은 꼭꼭 숨겨놓고 보약은 단한방울도 남한테 주지 않으면서 자신들만 알고 있는 그렇게 좋다는 천국이라는 곳에는 같이 가자고 소리소리 외쳐댄다. 간사하고도 뻔뻔한 자들, 누가 누구를 신뢰하고 누가누구를 믿어 의심하지 않고 인간들 사회에서 마음 편하게 지내고자 하겠는가.

뻔뻔한 속셈

　무언가를 잡기위해 본인이 만들어놓은 덫에 자신이 걸려들어 곤욕을 치르는 경우들이 비일비재 하니라. 말도 못하고 듣지도 못하며 보지도 못하는 돈이라는 존재에게 인간들 모두는 차례대로 굴복되어 평생을 노비 노릇하다가 마무리 된다.

　낚는 즐거움 다음으로는 낚여가는 고통이 따를 것이며, 가짜의 미끼에 걸려 죽어가는 물고기들처럼 수없이 많은 인간들이 거짓에 속고 의심에 짓눌려 파란만장한 역사 속으로 휩쓸려 사라져가는 것이 현실인 상황이다.

　정의가 승리를 한다고들 하지만 정의는 승리한 자들이 만들어가는 도구일 뿐이고, 부패와 비리로 횡령한 거액들을 히히 낙락이며 버젓이 분배하는 집단들이 승리로 착각하면서 쥐락펴락 관리를 하는 기가 막히는 실정이 부분적으로는 계속해서 이어지고 있으렷다.

　가진 것 모두를 사기꾼들에게 빼앗기고는 극단적인 선택을 하는 자들이 줄을 잇는데도 그냥 미적미적 솜방망이 처벌로 시간만 보내고 있는 서글픈 사회가 언제쯤에서 멈추게 될까?

반상班賞의 윤리가 무너진 속물 같은 이런 세상에서 팔고 사지 못할 것들이 무엇이 있을 것인가. 본능이 아닌 고의적인 범죄로부터 실수라고 하기에는 너무나 뻔뻔한 속셈의 지능적인 태도가 또 다른 의심을 불러오는 아이러니한 태도에 윤리와 도리는 무의미해지는 것이다.

의욕만이 앞서는 자들의 오만과 교만으로 사회는 얽히고설켜서 난장판을 방불케 한다. 가는 데까지 가보자는 심사로 우겨대고 버티는 우리들의 사회는 꿈만 꾸는 요지경瑤池鏡을 보다가 현실과 미래의 거울을 망연히 보게 된다.

뿌린 대로 거둔다는 유명한 사례의 속담은 도리에 어긋나는 짓거리를 되풀이하는 자들에게는 자식들도 그러한 의식 속에서 성장하였기에 그대로 따라서 한다는 처세술의 의미 또한 당연한 것이 되어지리라.

기대치

이유가 있어 취했다가 방법을 알고 나면 가차 없이 버리는 것이 충동에서 오는 반사적인 행동이다. 생존을 위해서는 납작 엎드려 이 눈치 저 눈치 살피다가 기회가 오면 과감하게 포착해야 살아남을 수 있는 것이 현실 사회이니라.

누구나 자신의 생각과 판단이 사물의 근본과 원칙으로 착각들을 하면서 살아가는 인간들에게 행복이나 행운의 기대치는 어디서부터 어디까지가 한계점으로 마무리가 될까.

자식들한테는 옳은 길을 가라고 하면서 본인은 정의로운 일에 망설이게 될 때가 더러더러 생기는데, 매우 난감한 형편일 때는 도깨비방망이 같은 망상을 생각해 보기도 한다.

세상에 부탁을 들어주는 요술방망이가 있다면 본인만이 소유하고 싶어 할 것이고, 그리되면 방망이를 차지하고자 피비린내 나는 사건사고가 다량으로 벌어질 것이다. 설령 그런 것이 있었다면 이미 모든 것들을 해결했을 것이기에 그런 주문은 이미 필요가 없을 것이라는 답이 나온다.

여의주나 화수분 같은 것들이 허상이나 허구라는 것을 알면서도 논쟁의 대상이 되는 것은 인간들이 본인의 가치를 초과하는 기대치를 맹목적인 욕심으로 채우고 싶어 하기 때문이리라.

본인은 모든 것들을 감수하드래도 자식들 한데만은 불만과 불평, 욕망과 배신, 또는 재난과 불운 같은 문제가 되는 것들에서 벗어나 평안하고 자유로우며 행복한 삶을 기대하게 되는데, 세상의 모든 인간들에게는 본분으로 타고난 의무나 책무 같은 근본적인 희망사항이 이해력 부족이나 게으름 또는 나태함 때문에 중도에 하차들을 하니라.

스스로가 자신들의 분수를 깨달아서 언행과 행실에 모범을 보인다면 자식들도 따라서 처신을 바르게 할 것이다.

양심은 있는가

　웃는 얼굴은 추천장이 될 것이고, 너그러운 마음씨는 신용장이 되며, 밝은 성격은 보석처럼 귀하게 여겨지면서 또한 관대한 처신은 남을 먼저 배려하면서 자신도 여유로움을 만들어 갈 것이다.

　봐야 할 것이 있고 보지 말아야 할 것들이 있으며, 들어야 할 것들이 있고 들어서는 안 되는 것이 있다. 잡다한 음담패설을 주거니 받거니 히히 낄낄 떠들어대는 인간들에게 언행을 삼가라고 타이른다면 막무가내로 버럭버럭 소리 지르며 대들 것이다.

　가깝다면 가깝고 멀다면 멀리 있는 마음과 생각들의 의도意圖를 아둔한 조력자가 어떻게 파악하여 결과를 찾아내겠는가.

　남들의 행복은 비아냥거리거나 고통을 당연시하면서 자신들의 행복은 즐거워하는 요물 같은 심사를 지니고 있다. 사사로운 행복이란 양심 속에 있는 것이 아니고 충동적인 감정 속을 들락거린다.

　아무리 좋은 것들을 먹고, 입고, 뛰어난 지식을 갖추었어도 인간이 사람다운 처신을 하지 못하면 경우와 상식이 양심까지 가기도 전에 거짓과 진실이 바뀌게 되는 심적 상태인 동물이 된다.

고대로부터 인간들은 경우와 상식을 양심에 심어놓고, 옳고 그른 것들을 가려서 언행에 신중함을 기하여 왔기에 세상의 모든 것들을 관리 관찰하기에 이른 것이었으리라.

기나긴 역사의 혼란기 중에는 입은 무겁게 행동은 신중하게 처신했던 사람들이 태풍에 누워있던 풀들처럼 살아서 남게 되었고, 군주君主시대에도 신중하고 세심하게 언행을 관리했던 자손들이 이어서 통치를 했던 것이리라.

모든 것들이 충실하게 새롭고도 아름답게 바꾸어져 가고 있는데도, 인간으로 태어난 일부의 무리들은 정반대를 향해 정신없이 가고만 있는 것이 아닌가 한다.

과감한 결심만이

　🌿　물질적인 가치보다 정신적인 양심에 비중을 두라고 말들을 한다. 인간이 귀하고 천한 것은 가진 것이나 신분이 아니고 양심에 따르는 처신이기 때문이다.

　초라하고 보잘것없다고 자책하는 인간들에게도 필요 없는 잡념들이 들락거린다. 잘나고 똑똑하며 부유해서 호화롭게 누리는 인간들에게도 각종의 병들이 드나들고 조바심과 두려움과 근심걱정들까지 더해 스트레스가 함께하고 있음이로다.

　희로애락 생로병사라는 생명을 부착하고, 단 한번밖에 올 수없는 세상에서 정확하게 몸에 해롭다는 치명적인 기호식품이라는 것들을 파악하고서도, 바로잡거나 관리를 못하는 인간들은 분명히 잘못인줄 알면서도 습성이라는 관습에서 벗어나지 못하고 괴로워하는 것이리라.

　살아서 남고자 치욕스런 자존심까지 감수하면서 투쟁하여 버텨가는 생명줄을 보잘것없는 습관에 걸어놓고 살아간다. 무기력하게 끌려가는 자들이 부지기수이고, 또는 아슬아슬하게 하루하루를 그냥저냥 버티며 살아가는 가련하고도 초라한 모습이 현재 사회의 정황들이다.

  술과 담배는 육체를 망가트리고, 도박과 마약은 가정을 파괴하련만 호기심과 습관성에서 벗어나질 못하는 나약한 성격과 무능한 인내심의 소유자들을 어떻게 해야 하나. 제대로 치료가 될 것인지 막막하고 답답하겠으나 그래도 과감하게 처리해야 할 우선순위는 본인들의 몫이다.

  인간들에게 삶은 하늘이 준 것이지만 행복은 본인들이 만들어 가는 것이다. 사람도 식물과 같아서 보살피고 섬겨야 건강을 유지하렷다.

  이런 저런 모든 경우境遇에 처신을 똑바로 하기란 어려운 일이겠지만 억지로 병을 만들어 생과사라는 고통에서 고생할 필요까지는 없었으면 하는 바램이로다.

예, 또는 아니요

핑계와 변명은 기생충처럼 인간들에게 붙어산다. 보다나은 사람이 되고 싶거든 양심에 따라 최선을 다하여 보라. 행실과 언행은 선택의 불문율이라서 '예, 아니요'를 분명히 하지 않으면 탈이 나고 폐단이 따른다.

하나님과 부처님을 팔아서라도 돈만 챙길 수 있다면 망설임이 없을 것이다. 명예만 얻을 수 있다면 옳은 것을 그르다 할 것이다. 그른 것을 옳다고 하는 일부의 무리들이 이치와 원칙을 무작위로 만들어 활용하여 감으로 여기저기서 부작용들이 생겨나 사회가 많이 혼란스럽게 흐르고 있으렷다.

천지신명께서 어떤 이들에게 과분하게 내려주시는 은혜를 조금만 나누어 달라고 빌어도 본다. 기도하고 부탁하며 간절히도 애원하여 보련만 하나님과 부처님을 비롯하여 그 어떤 신들도 부와 빈을 행사한 일이 없으시고, 가난이나 병든 자들을 치유해 주지도 못하고 있다.

이미 위대하신 분들이 태어나기 수세기 전, 까마득한 옛날부터 천지신명을 비롯한 신들을 섬기고 숭배하여왔던 것이며,

십자가라는 브랜드도 위대하신 분들 이전부터 각종의 집단과 무리들이 나쁜 짓을 했거나 반대쪽 사람들을 응징하기위한 형刑 집행용 도구로 사용하여 왔던 것이다.

무조건 이겨야 주인공이 되는 세상이다 보니 이겨보려고 별아 별짓을 다하게 되고, 안하무인의 승리자들이 떠안을 재앙까지도 패배자들이 감당해야할 몫이 되는 비운의 시대가 계속해서 진행 중이다.

인생人生으로 살아가는데 그리 많은 것들이 필요하지 않으련만 더 빨리 더 많이 차지하기 위해 다투고 싸우면서 투쟁들을 벌여대므로 사회는 언제나 불안하고 두려우며 심각한 아수라장으로 번져 나아가는 형편으로 되어가고 있다.

그래서 '예, 아니요'는 그때그때 형편에 따라서 득과 실을 구분하기 위해서 필요로 하는 지능적인 술수로 변질됐다.

메시지의 기준

다람쥐가 쳇바퀴 돌듯이 인간들도 같은 일들을 되풀이하면서 살아가도록 정해져 있다. 가난의 굴레 속에서 살아남아 보려고 이런 일 저런 일 가리지 않는다. 이리로 저리로 옮겨 다니면서 근심 걱정으로 하루하루를 버텨낸 결과가 겨우 이런 꼴인가. 아니면 이정도도 다행인가. 대부분의 인간들은 시달림의 갈림길에서 근심과 걱정으로 고민들을 하고 살아간다.

살기위해서 먹어야 되고 먹기 위해서 살아야 되는 많고 많은 생명체들. 그중에 다양한 지능과 지혜를 갖춘 인간이라는 무리들이 현재 모든 것들을 지배하는 것 같지만 돈 이라는 것 앞에서는 사정이 달라진다. 생각과 감정에 따라서 훔치고 숨기고, 훔쳐서 숨긴 것들을 또 훔치는 세상이다. 그렇게 돌아가는 시대의 조류에 나 또한 편승해 보겠다고 생각과 마음이 그곳에 가있는 것이 아닌가 관찰해본다.

불안은 미움에서 오고 두려움은 불평불만에서 생기는 것. 평안 뒤에 평온이 계속해서 따라오진 않지만 수난 뒤에는 또 다른 수난이 대기하고 있는 것이 인간들의 서글픈 삶이 되는 것이리라.

미워하거나 험담하는 처신은 불안을 만들어내고 혐오나 증오 같은 감정은 적이나 경쟁자를 만드는 시발점 역할을 하므로 세심한 주위가 필요하다. 배려하는 마음은 편안하고 온화함은 솟아나는 샘물과 같으니 모두가 윤리의 지침서를 따른다면 어긋나서 불편한 일은 없으리로다.

자만심 때문에 가까이 있는 사람을 미워하게 되면 지옥으로 가는 길이라 했고, 자존심을 덮고 욕심을 포기하면 신뢰를 얻으면서 세상이 새로워진다고 했으니 개개인이 신중하게 처신을 해야 하는 것만이 안정된 길을 만드는 원동력이 될 것이다.

은혜를 잊으면 절망을 감수해야 된다. 그러나 양보나 배려를 하게 되면 복을 받는다는 논리나 도리이니, 다 같이 평화롭게 지내자는 메시지가 아닌가 한다.

모셔야 살아서 남는다

　　돈과 신神은 겨울에는 화로와 같고 여름에는 시원한 그늘과 같아서 인간들과 떼려야 뗄 수 없는 관계이건만 하루가 멀다 하고 벌어지는 추악하고도 끔직한 사건사고들 모두 다 원인과 주범은 돈金이다. 좋아하고, 갖고 싶고, 받고 싶고, 쌓아놓고 싶은 것이 돈이지만 분수에 맞지 않으면 치명적인 독으로 변질되어서 곧바로 사단이 나고야 만다.

　세상에 신이 있다면 인간들 위에 군림하는 권력과 재물이 되는 것이고, 권력과 재물은 같이 붙어 다니면서 또 다른 신神, 지폐를 상전으로 모시고는 아첨과 아부로 빌붙어서 빛살 좋게 누리고들 있다.

　돈이 돈을 낳듯이 많은 것들을 갖춘 자들은 더 많은 것들을 소유하게 되어 있고, 반대로 조금밖에 가지지 못한 자들은 그 적은 것조차도 빼앗기고야마는 아이러니한 경우가 우리들이 살아가는 사회구조이다.

　잘못되어 들어온 돈은 잘못되어 나갈 것이라고, 하지만 꼭 그런 것만도 아니며, 돈들은 돈이 절실하게 필요로 하는 곳에는 피해서 다니는 것만은 사실인 것도 맞다.

 돈이면 무엇이고 모두 해결하는 것으로 착각들을 하면서 돈을 모으기 위해서 별아 별짓들을 다한다. 하지만 예고 없이 닥치는 불행이나 질병과 우환 또는 습관 같은 것들의 해법을 찾아내지 못하고 오히려 화를 불러들이거나 파멸을 자초하는 재앙 같은 것들을 감당 못하고서 쩔쩔맨다.

 인간들의 투쟁에서 돈에 대한 목적은 같지만 답이 없다. 그러므로 종착역이 없기에 별아 별 일들이 다생기고 별아 별짓들이 다 벌어지면서 사회는 규칙과 질서가 무너진 아수라장으로 가고 있는 것이리라.

 사회생활을 하는 인간들의 지배구조는 이쪽도 저쪽도 모든 것들이 돈으로 시작해서 지배 관리되는 사기극의 전투장이면서 돈이 아니고는 다른 방도가 없는 우리도 상대들도 모두 멍청하기는 매일반인 잔존殘存들이 되겠다.

신이 있다, 없다

　　신은 고통 받는 자들의 편이라 하였으나 현실은 전혀 그러하지 않은 허구의 모멘트이기에 신(神)이 있다고 믿으면 있는 것이고, 없다고 생각하면 없는 것이다. 자신들 또한 신을 믿는지 신이 자신들을 신뢰하거나 지배를 하는지 알쏭달쏭 하렸다. 현재의 절대적이고 완벽하며 막강한 힘을 가진 종교들이 한때는 사회질서문란이라는 혹독하고도 잔인한 박해와 불평등의 탄압을 받은 역사적 사실들이 세상 여기저기에서 고스란히 드러나기도 했으렸다.

　신이 있나 없나를 가지고 그렇게도 길고도 오랜 세월을 인간들은 전쟁들을 불사하면서까지 논쟁들을 벌여오고, 또는 그렇게 가고 있지만 그동안의 과거처럼 영원히 해답이나 종착역이 없다는 것은 분명하리라.

　신을 직접 보았느냐, 목소리를 직접 들었느냐, 주거니 받거니 의견의 대화로 시작해서 다툼으로까지 번지는 논리가 결과하고는 거리가 점점 멀어질 뿐이고, 신앙이라는 인간들의 마음 속에서 울어 나오는 심리를 신과 연결시켜 신이 있다 없다라는 이론 때문에 해답을 찾기가 매우 어렵게 되는 것이 아닌가 한다.

인간들은 자연이 주는 선물들을 신이 보낸 선물이라고 착각하거나 고집을 부리기 때문에 다음 계절에 닥쳐오는 실망으로 인해 또 다른 논쟁으로 시끄러워지기도 하렷다.

신을 직접 본 사람은 아무도 없지만 서로가 믿고 신뢰를 나누며 살아갈 때 신앙으로 인해서 신을 알게 되는 것이고, 마음을 볼 수는 없지만 표현으로 알 수 있다. 인간들은 신을 볼 수 없지만 자연과 사물의 신비한 현상 속에서 신들을 연상하고 감사하게 되는 것이리라.

인간들은 신앙을 만나서 감정을 안정시키고 마음을 편안하게하며, 생각들을 하나씩 차분하게 정리하여 나아가는 휴식처가 되는 것이며, 저울에 달아볼 수도 없고 그릇에 담아볼 수도 없는 모든 의혹들이 신앙에서 정리가 되듯이 신들도 그곳에서 만나게 되리라.

착하게 선행을 실천하는 쪽은 종교인들이 더 많은 것으로 나타나기 때문에 베풂의 혜택을 받은 사람들은 신에 대한 고마움을 가질 것이다. 화마火魔를 잠재우는 것이 물이 되고, 차가운 얼음을 녹이는 것이 불이 되듯이 신앙은 인간들의 차갑고 뜨거운 감정을 차례대로 정리하여 주는 것이 되렷다.

거대한 무덤 지구촌

사정없이 제멋대로 버려지는 폐기물들이 쌓여 쓰레기장이 되고 악취를 만들어내면서 온갖 병균들의 온상지가 되어가고 있으렷다.

필요로 하는 것과 버려지는 것의 차이는 생과 사의 갈림길이듯이 물질만능 시대로 가면서 엄청나게 쏟아져 나오는 쓰레기들 때문에 지구라는 땅덩어리는 더 이상 번영이 어려운 폐공상태로 가고 있다. 모든 화근의 주인공답게 분수를 모르고 이것저것 참견하다가 망가질 대로 망가져 몰락의 길로 들어서는 가련한 인간들의 현주소를 보고 있는 것이다.

아름다운 것들이 무궁무진하게 널려있는 지구라는 곳에서 잘못을 알면서도 잘못된 짓들을 하고 있으며, 질서와 규칙을 위반하는 상상 이상의 잔혹성을 가진 욕심덩어리인 인간들이 사람답게 살아가는 것을 포기하고 있기에 더 이상 번영을 누릴 수없는 하늘아래 거대한 쓰레기 무덤이 되어가고 있는 것이다.

숨기려는 자들과 밝히려는 자들, 빼앗으려는 자들과 빼앗기지 않으려 하는 자들의 음모와 계략과 폭로전으로 극도의 수난들이 벌어지는 곳이 지구촌이다. 핑계와 거짓으로 혼란을 조성하며, 배신과 배반으로 두려움을 가중시켜가면서 포악하고 악랄한 폭력으로 생지옥을 만들어 가는 중이다.

살아남기 위해 무리한 생존경쟁은 누리며 즐기기 위해 수단과 방법을 가리지 않고 향락의 광장들을 만들어가니 산천이 모두 폐허가 되어가고 있는 것이다.

같은 하늘아래서 같은 공기와 같은 물을 마시면서 같은 땅에서 살아가련만 종족과 민족을 구분하고, 국가와 영토를 주장하면서 모두가 서로를 견제하고 미워하며 시기하기에, 지구촌은 다툼에서 폭력으로 이어지다가 종당에는 무자비하고도 참혹한 전쟁으로 불행과 고통만이 남겨지는 비참한 분쟁의 결전장이 되어가고 있으렷다.

인간은 사회적인 동물이라고 하지만 같은 동료들을 잔인하게 살해하는 무자비한 짐승이기도 하니, 자연이 실수로 잘못 빚어낸 비열하고도 추악한 생명체이니라.

전쟁과 인간

무자비한 폭력과 탄압으로 자유와 평화를 빼앗을 권리가 어디서 나오는가? 왜 인간들은 전쟁을 되풀이하는가? 그리고 인간들보다 간사하고 엽기적인 동물이 또 있을까.

잔인하고도 끔찍하며, 무섭고도 냉혹한 전쟁들은 교활하고도 야비한 욕심으로부터 만들어진 것이다. 전쟁을 구분하여보면 신神들을 좋아하거나 찬양하고 숭배하는 무리들과 집단들이 벌이는 싸움이 대부분이라서 신들께서도 고민이 이만저만 가름하기가 어려울 것이로다.

배가 고프면 무엇이든지 다 먹고, 배가 부르면 무슨 짓이든 다하는 동물이 인간이다. 인간이란 무리들이 지배자와 피지배자들로 나누어져서 대립으로 만들어가는 잔혹한 전쟁들은 인간들의 생존과 함께 까마득한 옛날로부터 이어서 현재로까지 지속이 되어 지고 있는 것이다.

갈등으로 인한 감정이 격해지면 분별력이 흐려지는 것은 짐승들이 아니고 지능을 가진 인간들이며, 포악하고 악랄하며 잔인하기까지 한 인간들은 자기들끼리 살벌하게 벌여놓은 난장판을 보고 듣는 모든 것들에게 두려움과 공포심으로 남겨놓는다.

배가 고파서가 아니고, 가진 것이 부족해서도 아니다. 자신들의 감정과 취향에 따라 욕망으로 변질하여 사욕들이 부딪혀 갈등과 언쟁으로 이어진 것이다. 그자들은 다툼과 폭력으로 사건사고가 그칠 날이 없는 인간들만의 세상을 만들어왔고 그렇게 가고 있다.

시간과 함께 날이 갈수록 더 많이 더 크게 무시무시한 전쟁들을 벌여오면서, 위대한 기념물이나 인간들의 보금자리인 거대한 도시들도 무참히 파괴하고 고귀한 생명들까지 잔인하게 희생시켜 왔고 또 그렇게 가고 있는 것이다.

가장 외면하고 싶고, 제발 피하고 싶은 것이 대립으로 인한 싸움이지만, 인간들이 존재하고 있는 동안은 절대로 없어질 수 없는 것이 '전쟁'일 것이다.

순리順理대로

모자라면 약이 되지만 과하면 독이 된다.
　인간들에게 가장 두려워해야할 적은 본인들이 지니고 있는 욕망과 탐욕이 되기에 아주 많은 생각과 복잡한 고민을 하도록 부여된 존재이다. 또한 진드기처럼 붙어있는 오만과 교만을 제대로 관리를 하지 못하면 번민이 되어 노이로제, 우울증, 울화병 순서로 고착이 되는 것이리라.
　인간들은 천년만년을 살 것처럼 보이는 대로 갈취하고 착취하려 덤벼들고, 들리는 대로 무조건 참견하는 것도 사욕과 야심의 발동이다. 돈에 집착하여 미치게 되면 제대로 된 사람들하고 어울리기도 어려울 것이며, 타고난 수명대로 유지도 어렵게 되는 것이 생의 이치의 구조인데 무슨 재능으로 생존확률을 늘여가겠는가.
　욕심 때문에 상대방의 작은 결점까지 용서하지 못하고 고통을 만들어 준다면 되돌아오는 괴로움은 몇 배 더 많은 것이 또한 만물의 순리가 될 것이다.
　사회의 온갖 사건 사고들이 탐욕과 사욕에 의해서 만들어진다. 재물에 눈이 멀면 자연의 까닭을 헤아리지 못하므로 순리대로 가는 생로병사에서 이탈하여 주어진 명대로 지탱을 못하게 되어 있으렷다.

또한 인간들은 자신들이 행복하다는 것을 알지 못하기 때문에 불행한 것이고, 몇 번이고 곤란한 타격을 받은 뒤에야 제대로 되는 순리의 의미를 깨달을 수 있으므로 불행을 치료하는 것은 거듭되는 실책을 딛고 서는 의지의 희망이라는 약이 있을 뿐이다.

천고에 변하지 않는 것이 있다면 윤리와 도덕을 갖춘 인간의 양심이 되겠다. 인간들이 하고 싶다고 해서 도리와 이치는 무시할 수 있는 것들이 아니며, 하기 싫다고 해서 아니 할 수도 없는 것이 만고의 이치이다. 정해진 선택과 규칙에 따라서 흘러가는 것이므로 양심들을 외면하지만 않는다면 세상은 훨씬 순조롭고도 평화로워질 것이로다.

신神과 지폐의 권력

인간들은 지폐 앞에서 인격과 성품이 들어난다.

하늘아래 신神보다 위대한 것도 없지만 돈金보다 소중하거나 필요한 것도 없다. 인간들은 지폐란 존재를 만들어 편리하게 사용하면서도 엄청나게 스트레스로 시달리는 중이라 대체용으로 또 다른 신이란 존재를 만들어 섬기면서 매달려 보지만 결국에는 노이로제에 빠져서 헤어 나오지를 못하고 만다.

부와 행복은 신이 내린 복이라 하였고, 각종 질병으로의 고통과 가난의 시련은 신이 내린 '죄의 대가'라 하였으렷다.

기도하는 하늘에서는 축복이 내려오고, 근로하는 대지에서는 행복을 캐어낸다고도 했다. 농부가 땅을 갈고 인부가 길을 닦는 곳에 신이 있다 했으나, 종교는 신앙을 통해서 행복도 만들어주지만 일방적으로 치중하면 아편과 같은 중독자로 전락할 수도 있다고 했느니라.

각양각색의 인간들이 다양한 신빙성으로 신에 대한 논쟁을 벌인다. '신이 있다 없다'라는 주제를 가지고 편을 갈라 언쟁을 벌이고 다투기도 하는데 인간들의 능력으로는 확인할 수 없는 과제이며, 오로지 신들만의 영역인 것으로 신앙은 양심 속에서 지주支柱나 협력자이지 종교의 심부름꾼은 아니라는 주장들이 대부분이다.

우선 재물과 성욕만을 갈구하며 살아가는 인간들에게 종교는 핑계의 쉼터와 휴식처로서의 공간 역할을 한다. 지나치게 의존하다가는 강박신경증세가 편승便乘해 가면서 과도하게 되면 스트레스이고 노이로제가 되며 우울증까지 감수해야 되는 것이다.

신이 있다고 하는 쪽과 신이 없다고 하는 쪽의 다툼이나 갈등은 오랜 세월 이어져 왔고 앞으로도 계속해서 이어갈 것은 분명한 사실이다.

5부 지키려면 포기해라

위대한 것 뒤에 추악한 것
아무개의 주머니
언어의 책임
자연과 생명의 공존
호락호락
광란의 캠퍼스
을乙은 노비奴婢다
인간人間이라면
언어의 가치
숙명의 두 지배자
선택받은 수명壽命이 아니다
생각의 한계는 거기서
무게의 추에 따라서
지키려면 포기해라
사람이란

위대한 것 뒤에
추악한 것

　　돈보다 소중하고 위대한 것도 없지만 추악한 것도 없으렷다. 돈이 좋아서 칭송하고 찬양하며 애원해보지만 갈구하는 숫자가 많다보니 상황은 점점 안 좋아질 뿐이로다.

　아무리 돈이 많아도 만족을 채워가지는 못하는 것이고, 넘쳐나는 사랑들도 시간이 지나면 뚫고 지나가야할 상처가 되는 것처럼 돈으로 생명의 유통기한을 계속해서 지속시킬 방도 또한 없을 것이다.

　돈을 싫어하는 자 없겠지만 무작정 좋아하다가 돈金에 환장병이 들어 미쳐버린다. 미쳐버린 정신이상자들의 사납고 험악한 짓거리하는 숫자들이 너무 많아서 사회는 혼란기가 계속이 되는 것이리라.

　쟁쟁한 명성으로 눈과 귀를 몰아가는 각종의 감투들은 돈으로 만들어지는 것이라 겉으로는 칭찬과 비난이 벌떼처럼 웅성거리며 비평한다. 또는 반사현상으로 빛나 보이지만 안으로는 갖가지 스트레스로 오염되어 추악한 시궁창 수준으로 썩어가고 있으렷다.

위대한 것 뒤에는 사악한 것이 존재한다.

이런저런 불행한 환경에서 태어나고 자랐어도 양심을 잘 관리하여 사람답게 살아가는 사람들이 있을 것이다. 반면에 욕심만을 앞장세워서 극도로 무섭고도 잔인하게 돌변하여 영원히 악랄한 인간으로 기억되게 만들어가는 자들도 있을 것이다.

이런 사람 저런 사람, 모두가 어울려 살아가는 사회에서 사건 사고라는 얼룩진 기록으로 시간과 세월을 보내는 것만은 끝냈으면 하지만, 피도 눈물도 없이 괴물로 변해버린 자들한테서 해결책으로 합당한 이유를 찾기에는 수준차이로 불쾌감이나 심리적 진통은 점점 늘어나고 있다.

아무개의 주머니

🌿 무엇이든지 다할 수 있는 가장 좋은 것이 가장 위험한 존재라는 것을 돈들이 증명하고 있는 것이며, 돈 앞에서 인간들은 보잘것없는 쓰레기 신세가 되기도 하니라. 조금도 물러서거나 양보할 생각이 없는 것이 욕심주머니에서 나오는 반항적 감정이다.

인간들의 위계질서를 사람보다 잘 알고 있는 동네 개들이 나라님한테도 짖고 아무개한테도 짖는 것은 인간들이 하고자하는 짓거리가 똑같기 때문이다. 개들이 짖어대는 소리나 인간들이 지껄이는 이런저런 소리나 지나고 나면 별반 다를 것이 없는 것이란 나라님이나 아무개나 지니고 다니는 주머니 속에는 똑같은 욕심이 가득 들어있기 때문이다.

욕심주머니가 제일 좋아하는 것은 지폐라 하는데, 지폐보다 위대한 것도 없지만 지폐보다 비정한 것도 없으렷다. 최첨단 사기극과 자작극을 제조하고 생산하는 지폐를 쥐고 있는 자들은 신비로워 보이는데, 우상숭배를 받으면서 누리고 있는 것도 분명한 사실이다.

천국에서 지옥으로 추락을 한다고 해도 좋다는 지폐라는 너와는 무엇도 견줄 수가 없을 정도라 누구도 너를 밀쳐놓고서 큰소리치는 놈은 바보가 아니면 멍텅구리라 할 것이리라.

너한테 홀린 아비와 어미는 너를 쫓아서 헤어졌고, 너를 잡고자하는 형과 동생은 싸움질만 하니라. 푹푹 찌는 삼복의 가마솥 안이라도 너하고 만날 수만 있다면, 몰아치는 한설의 혹독한 모서리라도 너를 볼 수만 있다면 독안에든 쥐 신세라도 너라면 좋을시구다.

근로자는 주머니에, 사장님은 박스에다, 도적놈도 사기꾼도 너와 친구사이이고, 속임수도 협잡꾼도 너와는 동무사이이다. 모두다 너한테 반해서 미쳐 날뛰다가 정신없이 한세상을 보내고서 저승 갈 때 노자 돈도 너를 물고서 가야하니 초상집도 잔치 집같이 네가 있어야 성황이 되렷다.

언어의 책임

　　남들의 언행을 듣고 보면서 본인의 처신을 바로하면 될 것이다. 칭찬에 발이 달려있다면 험담에는 날개가 달렸다고 했으니 충분히 생각하고서 말을 해야 할 것이다.

　사실이란 한 번의 말로도 족하지만 거짓말이란 것도 열 번 백 번 되풀이하면 사실로 둔갑하다고 하였으니, 언어의 연속성에 마취가 되는 취지의 어긋남을 비교한 것이고, 말言은 길어질수록 당사자의 인격은 계속해서 추락한다고도 하였으니 삼가는 것이 좋으리라.

　요사스런 혓바닥은 인격을 짓밟고, 불경한 혓바닥은 자존심을 유린하며, 발칙한 혓바닥은 생각을 뭉개놓을 것이다.

　생각나는 대로 여과濾過 없이 내뱉은 말들이 본인을 물론 상대방까지 곤란하게 만든다든지 때로는 패가망신까지 불러온다고 하였으렸다.

　말을 많이 하거나 함부로 하게 되면 가까운 시간에 되돌아와 자신을 평가하게 되는 망신스런 회초리가 될 것이다.

　제 몸이 타들어 갈 줄도 모르고서 불속으로 날아 들어가는 불나방처럼 나불나불 험담하다가 모함하다가 근거 없는 누설까지 지껄여대는 입□들이 있기에 모든 과제의 대상은 근원이 말슴이라서 몸이 백百 근이면 입이 아흔아홉 근이라는 단호한 고사가 비유해서 만들어 졌으리라.

생각이나 감정은 말슴들을 생산하여 내고, 생산된 말은 행동들을 만들어 놓는데 행동의 재료가 곧바로 습관으로 변질이 되어 약으로도 의지로도 고칠 수없는 운명의 고질병이 되는 것이다.

해석하기도 어려운 애매모호한 언어들을 만들어 위험천만하게 내뱉는 인간들의 무모함 때문에 사회는 매우 혼란과 혼탁 속으로 회오리쳐 휩쓸려 돌아가고 있으리로다.

자연과 생명의 공존

자연에서 왔으면 자연으로 돌아가라는 것, 하늘과 땅의 혜택으로 살아가는 인간들이여, 은혜를 잊는다면 사람으로 살아가기 어려울 것이다.

생명들은 살아서 남고자 투쟁을 하고, 자연은 생명들과 공존을 원칙으로 하기위해 희생을 감수하는 것 같다. 사물의 유지와 흐름 상태란 넘치면 탈이 나고 모자라면 고통스러운 것이라 일시적으로는 평등과 공정에서 문제가 되지만 결과는 공평하게 정리가 되고 있다.

자연은 거짓 없이 이유 없이 존재하는 것도 없지만 맹목적인 희생도 없이 생태계가 이어지는 것도 아닐 것이고, 단 한 종도 까닭 없이 분별없이 사라지는 것도 아닐 것이며, 필요에 따라서 진화를 하면서 지탱이 되어 가야하는 것으로 토착화 되어 있는 것으로 보인다.

모든 생명체들이 쫓는 것들과 쫓기는 것들로, 먹으려는 자와 먹히는 자까지 수난의 연속성으로 삼천만 가지나 된다는 다양한 생명체들이라 하지만, 단한가지도 필요가 없거나 소중하지 않은 정도로 가치의 소중함을 무시해서는 아니 되는 존재들이 되겠다.

어느 쪽이든 부족하면 채워지고 넘쳐나는 만큼은 자중지란으로 도태시켜 지는 것이 대자연의 근원이며 이치가 되는 것이라서, 생로병사라는 숙명적인 과제에서부터 잔인하고 무섭고 두려우며, 애석한 것들까지 막을 수도 잡을 수도 멈추게 할 수도 없이 세월과 시간이 계속해서 끌고 밀고 가고 있음이로다.

빛은 새로운 생명들을 탄생시키는 근원을 만들어 가고, 물은 자세를 낮출수록 막힘없이 가는 길을 알렸으며, 공간은 비워야 다툼이 없다는 진리를 사실대로 알리고 있으리로다.

황금과 석유가 도박을 벌이고 신들이 다투고 마법이 도술을 부리면서 난세의 영웅들이 경주를 벌이는 시끄러운 곳이 못되는 자연의 조용하고도 차분한 이곳이 바로 명당이 아닌가 하노라.

호락호락

재물이란 동정同情이 없고 욕망에는 인정人情이 없다고 하듯이, 각자가 감정으로 또는 해석하는 대로 달라지는 생각과 양심이 화합과 분열을 각각 따로 만들어 간다.

불러봐야 대답 없고 웃어 봐도 반응이 없으며 울어 봐도 소용없는 인간들이 살아가는 삶 자체가 애환이고 고통이라서, 무엇 하나 호락호락하고 만만한 것들이 없기에 매우 힘겹고 까다롭게 버텨가는 수밖에, 기대하는 희망 다음으로는 별도리가 없는 곳이다.

부른다고 오는 것도 아니지만 잡는다고 해서 잡히거나 막아선다고, 멈추지 않는 것이 돈과 세월이다.

언어의 의미와 돈은 편리하게 살기위해 사람들이 만들어 놓았는데, 하나는 오만과 교만으로 불협화음의 마찰이 그치질 않고, 다른 하나는 욕심과 과욕으로 차례와 질서가 무너지면서 경우와 상식까지 소멸되고 도덕과 윤리까지 송두리째 궤멸시키는 탁월한 수완가이다.

존재하는 것들끼리도 나눔이나 배려 또는 양보를 외면하면서 존재하지 않는 것들을 맹목적으로 우상 숭배를 하는 인간들의 비상식적인 언행들이 습관성으로 중독이 되어서 갈등과 비행非行 같은 악순환은 계속되는 것이다.

　보고 듣고 경험하면서 쌓아가는 지혜의 능력으로 안정과 평안보다는 개개인의 사욕과 탐욕으로 사회는 마지막 남은 물과 공기마저 구실을 못하게 만들어 가는 중이다.

　어떻게 하였기에 이정도 밖에는 안 되고, 왜들 이렇게 살아가야 하는 것인가의 해답까지 각자의 지식 속에 갖춰져 있지만 고정관념이란 습관에서 멈춰버린 지능들이 더 이상 반론과 재론의 기회마저 소멸되는 안타까운 실정이로다.

광란의 캠퍼스

만족을 아는 자들만이 더 이상 문젯거리를 만들지 않으므로 행복을 찾고 기쁨을 만들어 가는 인간들이다. 때로는 인간의 큰 뜻이 세상을 감동시키지만 보잘것없는 욕심은 쥐의 꼬리를 잡고서는 놓지를 못하는 어리석음을 보인다.

지식들은 풍부하나 도리를 외면하고서 너나없이 욕심밖에 모르는 광란의 캠퍼스에서 오늘이라는 또 하루를 조마조마한 심정으로 견뎌가는 중이다. 통박을 만들어 꼼수에 매는 순간 사기꾼과 범죄자가 저절로 스며들어 굴리지 않아도 저절로 굴러가고, 요리조리 굴리다가 채우면 독박이고 새어나가면 쪽박이다.

통계를 잘 활용해서 국가와 기업들은 성장을 하고, 보통일반 국민들은 안정된 삶을 유지해야 한다. 그러나 부와 명예만을 꿈꾸며 통계를 통박으로 잘못알고는 분수에 맞지 않게 원칙없이 이리저리 무리하게 욕심껏 굴려대다가 독박을 뒤집어쓴다든지, 이미 오래전에 금이 갔거나 깨진 줄도 모르고는 아직도 정신없이 굴려대고 있으렷다.

대부분은 통박으로 인하여 지폐에 붙은 먼지수준으로밖에 취급을 못 받는 처지가 되어 가련만 이랬다저랬다 양심도 인격도 분수를 넘어선 과욕으로 연이어서 부서지고 떨어지고 넘어져서 여기저기 눈으로 보기조차 불쌍하고 가련한 참상의 모습들로 되어간다.

여전히 가짜는 있어도 공짜는 없다고 말들을 하는데, 가짜는 들통이 나서 알려져 있음을 말하는 것이고, 공짜 속에는 음모나 빌미 같은 것들이 숨어있기에 조심하라는 의미의 뜻이 되겠다. 그러나 가짜와 공짜라는 사기꾼들한테 속아서 억울하게 고통을 받는 자들이 부지기수로 늘어나고 있는 것도 사실이다.

두렵고도 불안한 일상이 되어버린 사회는 모두들 허상이라는 그물에 갇혀 바동대는데, 불평불만에서 비방까지 입으로 쏟아져 나오는 증거가 주제의 답이라는 것을 아는 소수도, 모르는 다수도, 삶은 고달프게 억지로 끌려서 간다.

을乙은 노비奴婢다

　　대가代價에 맞추어 일을 하면 직업이 되고, 자진自進하여 일을 하면 소명召命이 된다 하면서 직업으로 일을 하면 스트레스를 받게 되고 소명으로 일을 하면 행복이란 선물이 온다고 핑계를 앞세워 갑甲은 을乙을 상대로 여론과 선동을 환기시키고 있다.

　　아는 체 하지마라, 참견하지 말거라, 그리고는 도적질하지 말고 거짓말하지 말며 할 일을 미루지 마라. 통치자는 갑甲이요 백성들은 을乙이고요 국토는 병丙이로소이다. 설마라고 하지만 위대하다는 통치자 뒤에 추악한 진실이 숨어 있었다는 주제는 다양한 곳에서 나오고 있다.

　　체제體制의 통치자와 동조자들은 아주 못된 주제들을 만들어 놓고서 길이 아니면 가지를 말고 떨어지는 낙엽도 피해야 한다면서 국토와 국민을 상대로 아전인수식으로 사기극 자작극 등을 교묘하게 이용한다. 자신과 가족들 그리고는 동조자들과 끼리끼리 치부致富를 하는 더러의 국가들은 모두 망하거나 계속되는 내분과 혼란에서 벗어나질 못하고 고통에서 허덕이고 있으렷다.

 갑이라는 조직들은 감당할 수 없는 과제들을 만들어놓고는 자신들은 마음 내키는 대로 누리며 살아들 가는데, 을은 갑들이 시키는 대로 병들을 붙들어 놓고서 밀고 당기고 만들다가 부셨다가 이리로 저리로 이것저것 다해보면서 숨이 멈출 때까지 헤매다가 마무리가 된다.

 보이기 전에 피해라, 들리기 전에 숨어라, 알고 나면 죽거나 다칠 것이니 미리미리 도망가라. 감독과 심판은 한패이고 선수들은 노비가 되는 조직통치 국가들이 두루두루 존재存在하는 요지경의 세상은 계속되고 있으렷다.

인간人間이라면

삶 자체가 애환이고 고통이면서 인간들에게 즐거움은 가끔씩 또는 어쩌다가 찾아오는 손님이지만, 고민은 아예 자리를 차지하고서 일일이 참견하는 평생의 반려자로 되어있는 번민덩어리가 되렷다. 때로는 고달픈 삶이란 것이 멱살을 잡고서 늘어지니 생로는 어쩔 수없이 끌려가야하는 것이 인간들의 여정이 되는 것이라.

인간이란 근심 걱정 고민이라는 스트레스 때문에 노이로제에 걸려들면 술과 담배, 마약과 도박 같은 습관성 고질 속에서 헤어 나오지 못하고서 허우적거리다가 사라지게 된다.

눈이 밝으면 보이는 것만으로 판단하지 않을 것이고, 귀가 밝으면 들리는 것만으로 단정 짓지 않을 것이라 했으니 현명한 판단으로 결심만 있다면 과감하게 바로잡을 것들이다.

불안은 미워했던 곳에서 오고, 두려움은 불평불만에서 생긴다고 했듯이 즐거웠던 만큼 괴로워야하고, 웃었던 만큼 슬퍼야하며, 향락을 누렸던 만큼 고통스러운 것이 인간들이 거쳐서 가야하는 삶의 이치라 하였으렷다.

잘못을 뉘우치는 사람이 있고 뉘우치지 못하는 사람이 있듯이 어두운 경험을 했다고 안 좋게만 인식할 필요는 없다. 간절한 것과 애절한 것들은 슬기롭게 관리하며 지내야 하는 것이면서 위인들께서는 가장 절실한 것을 과감하게 포기할 용기를 가진 자들만이 살아서 남는다고도 하셨느니라.

무조건 이겨야 주인공이 되는 세상, 지고 나면 심부름꾼으로 추락하는 사회이다. 그러나 이기는 사람이 영원히 주인공이 되는 것 같지만 주인공은 항상 위태로운 자리에서 스트레스 보태기 노이로제까지 투쟁을 벌여야하는 자리라는 것쯤은 집고서 넘어가야 하리라.

태풍에 엎드려 있는 풀들이 살아서 남는다고 했듯이 모든 생명체들은 자연에 순응을 잘하는 것들만이 살아서 번성할 것이고, 지혜와 지능을 겸비한 인간들만은 새로운 내일과 미래를 위해서 오늘은 최선을 다하기 위해 노력하는 하루가 되어야 할 것이다.

언어의 가치

 악담은 무고한 사람을 처형까지 할 수 있는 도구가 되지만 못들은 체 그대로 두면 사라진다.

내가 어떤 의견을 전달하려고 이야기를 하는 중에 누가 끼어들어 말을 하게 되면 주거니 받거니 뒤죽박죽 의도는 엉뚱한 방향으로 흘러간다. 남의 말을 가로채는 그런 사람과 신뢰를 쌓고 싶은 생각이 추호도 없다면 나또한 다른 사람들 대화중에 끼어들지 말아야 할 것이다.

불평을 자주 늘어놓거나 다른 사람들 말은 듣지 않고서 자신의 이야기만 떠들어대면서 불만까지 늘어놓는 것은 주변에서 사람들 그림자를 스스로 지우는 자이다.

타인들을 자신의 기준에 맞추어 평가하고 판단하면서, 타인들에게서는 자신이 평가 당하는 것을 매우 싫어하는 것이 교만한 인간들만의 성격이고 심리이며 오만한 태도가 되는 것이리라.

말이 많은 자는 본인이 두서없이 뱉은 말들은 무관하게 생각조차도 못하면서 상대방이 짧게 몇 마디 한 것은 시비조로 물고 늘어지며 따지려 대드는 경우가 있느니라. 귀에 거슬리는 견해에 신경 쓰지 말고 타인의 실수에 토를 달지 말아야 하며, 누구라도 처신에 잘못이 있다면 빨리 사과하는 것이 고민을 예방하는 또 하나의 방법이 될 것이다.

 본인의 의도대로 말을 함부로 하게 되면 가까운 시간에 되돌아와 자신을 평가하게 되는 채찍질을 당할 것이라 했으렷다.

 인간들에게 언어의 마지노선이 없듯이 말은 많을수록 인격과 신뢰는 무너져 가니 되도록 줄여서 하는 것이 좋고, 듣기 좋은 말보다는 기억 속에 담아지는 언어들이 유익할 것이로다.

숙명의 두 지배자

 하늘아래 돈보다 위대한 것도 없지만 지폐보다 무서운 것도 없으렷다.

어느 누구도 즐거움을 모르고 쾌락을 싫어하는 자는 없을 것이며, 하고 싶은 짓거리 다하면서, 가지고 싶은 것들 다 갖추고는 오래오래 영원히 살고 싶은 것이 인간들의 욕망이 되렷다.

재물이 쌓이는 곳에는 세력들이 모여들고, 세력이 모이는 곳에는 불공정한 사건 사고들이 벌어지게 되어있다. 인두겁을 쓴 야비한 괴물들이 죽을 똥 살 똥 발악을 하면서 쫓아 다니는 통에, 이리로 저리로 죽자 살자 도망만 다니는 돈들하고는 평생을 숨바꼭질을 하며 시이소 게임을 해야 하는 숙명의 두 지배자支配者들이다.

욕심과 수명壽命은 저울의 무게 추에 올려져있어서 욕심이 무거우면 수명은 가벼워서 짧아지는 것이고, 욕심이 작아지면 수명은 무거워져 오래가는 것이리라.

정해진 생로병사는 수명壽命의 사이사이를 괴질과 역병 같은 각종의 전염병들이 기회를 노리다가 끼어들어 노략질을 해대면 그 시간 이후부터 생生과 사死의 갈림길에서 허우적이게 되어있다.

행복과 건강은 눈먼 장님이 아니라서 가만히 앉아서 기다리는 자들에게는 가지를 않고 부지런한 사람들만을 찾아서 다니느니라.

근면은 사물死物의 스승이라 했고, 검소는 제자諸子의 복이라 했음이며 예절은 아름다운 현실이고 절약은 또 다른 행복한 생활의 지름길이라 했으리요.

더러는 구분과 판단의 착오로 남들에게 손해를 남길까 염려가 되어 참아내는 것이고, 남한테 피해를 주지만 않는다면 내가 하고 싶은 대로 하면서 살아가는 것도 자유롭게 살아가는 현명한 길이 될 것이다.

선택받은 수명壽命이
아니다

　　인간들의 수명은 선택을 받거나 정해진 운명이 아니고, 노력으로 만들어가는 것이로다. 보고 들은 모든 것들을 양심으로 구분하고 판단하느라 고민을 선두로 근심과 걱정이라는 스트레스로 삶이란 무게를 감당해야하는 것이 인간들의 여정旅程으로 가는 길이 아닌가 한다.

　과거의 고난을 가볍게 여기는 자들에게는 또 다시 되풀이 되도록 운명은 정해져 있다고 했듯이, 자신을 제대로 돌아보고 나면 남들을 평가하기가 그리 쉽지만은 않을 것이다. 더러는 본인이 무엇을 잘못했는지, 무슨 짓을 했는지, 했던 짓들을 반성하거나 뉘우침도 외면한 채로 지내는데 자신은 선택받은 인간들로 착각을 하는 것 같다.

　그런 생각과 처신으로 살아가노라면 상대방들도 불편하지만 본인들도 그다지 개운하거나 즐거운 마음이 지속되지는 않을 것이리라. 위대한 자에게도 불필요한 꼬리표는 붙어 다닌다고 하듯이 인간이라면 양심을 떼어놓고서 살아갈 수는 없을 테니까.

다른 사람들은 안 되지만 자신은 괜찮다는 사고방식으로 살아가는 인간들에게 평탄한 행로가 오래가지 못한다는 것을 알게 된 뒤로부터는 뉘우침의 무게를 감당하며 살아야하는 일들이 순탄치만은 않을 것이다.

사욕을 제대로 관리하지 못하는 자들은 타고난 명命도 채우지 못하고서 떠나들 가고, 검소하지만 누추하지 않고, 화려한 것 같지만 사치스럽지 않게 욕심을 관리하면서 경우와 상식을 지켜가는 자들은 타고난 명보다도 더 건강하게 살아들 가고 있다.

무엇이고 한계는 있는 것, 인간들한테 비유해서 40년~50년에 끝나느냐 90~100년까지 견디느냐는 동기를 부여하면서 관리하는 것으로부터 확실하게 판결을 만들어낼 것으로 보인다.

생각의 한계는 거기서

　　인간은 생각하는 동물이면서 이치와 의미를 깨닫고, 필요를 선택하는 탁월한 존재들이다. 한계를 만나면 좋은 것들이라도 멈추게 되고, 아름다운 것들도 사라지듯이 생生과 사死의 이치도 그와 같은 것으로 보인다.

　도도하거나 오만한 자는 자신의 지능의 한계를 세상의 한계로 착각하면서 살아들 간다고 하였는데, 오지랖이 그 정도면 마음의 병병病 정도는 마음으로 간단하게 치료하면 되겠다. 병원과 약이 없던 까마득한 옛날부터 인간들도 다른 동물들과 같은 방식으로 생명을 이어왔을 것이다. 법과 정치가 없고 종교를 모르던 기나긴 세월도 사람들은 양심에서 나오는 경우와 상식에 맞추어 규칙과 질서를 지키며 살아왔으렷다.

　양심은 지식과 인격이 만들어가는 저장고이며, 경우와 상식은 양심이 만들어 비우고 채워가는 견문의 질서가 되었을 것이다.

　미래를 염려하다가 현재를 놓치고 나서야 미래도 누리지 못한다는 것을 알게는 되었으나 특별한 방책은 없을 것 같다. 본인들이 하고 싶어서 하는 것들 때문이라든지 자신들의 욕심 때문에 타인들이 불편하거나 곤란하게 하는 자들은 그에 대한 대가를 치르게 될 것이라 하였것다.

양심을 외면하고서 미련이라는 애착까지 포기하지 못하고는 쉴 틈 없이 욕심을 부리다보면 서서히 무너져가는 건강을 회복할 기회마저 잃고 나서야 후회하게 된다. 교만하고 오만한 자들 정상에 올랐다고 기뻐하는 순간에 바닥이 서서히 허물어지는 것을 본인들만 모르기에 다른 사람들의 조롱거리가 되고 있을 뿐이다.

자신만은 절대로 죽지 않을 것처럼 악을 쓰며 살아들 오고 가지만, 살았던 흔적조차도 없이 사라지고 없다는 것을 모르는 어리석은 자들은 생각과 마음의 한계마저 거기가 끝이 되렷다.

무게의 추에 따라서

천지天地에 옳고 그른 것들을 심판하는 신神은 있을 수 없지만, 자연의 이치는 존재하기에 만물들이 존속하는 것이고 그중에는 인간이란 동물들도 자연의 혜택을 얻어 더불어 향유享有하는 것이리라.

인간들이란 지능과 생각하는 행동으로 살아가는 선택받은 동물이라 하지만 감정의 기복이 때와 장소를 가릴 것 없이 오락가락 양자택일이 어려워서 항시 긴장상태에서 벗어나질 못하고 있다.

자연의 이치 속에는 옳은 것과 그른 것을 가리는 계기計器라는 저울이 있는데 모든 것을 언제나 저울의 무게 추錘에서 공평하게 계량을 하여 도태와 증산을 반복하고 정리하여 가고 있으렷다. 인간들의 수명도 무게추의 한쪽에서 상대방 추에 오르는 용도에 따라 달라지는데 욕심이 크면 무게가 무거워서 수명의 무게는 가벼워 짧아질 것이고, 반대로 욕심이 작으면 수명은 길어질 것이라는 심리의 계산은 하면서 살아가리라.

인간들의 삶속에는 행운과 불운으로 나누어져 있는데 모두

운명으로서 다른 방법으로 노력이라는 어려운 과제가 따르고 행복과 불행의 숙명은 죽음의 문턱을 지나면서 끝이 난다.

  질병이나 계절의 유행병 같은 전염병이나 역병도 자연을 파괴하는 인간들만의 무리한 탐욕이 만들어가는 반대급부의 현상이라고 보아도 무방하리라.

  초목은 뿌리가 튼튼해야 무성하게 자라고 사람은 다리가 튼튼해야 건강을 유지하는 것이라 하듯이, 인간들이 건강하면 질병들은 저절로 물러갈 것이고 만족 할 줄을 알면 불평불만도 사라져 세상은 아름다워 보이며 삶은 즐거워질 것이다.

지키려면 포기해라

이 정도면 괜찮다. 이것이면 되었다. 더 이상은 필요 없다. 걱정은 물러가라. 근면은 행운의 바른손이고 검소는 심성의 왼손이라고 했느니라.

가질 수 없는 것에는 애착을 버려라. 만족할 줄 알면 행복이고 모르면 불행이라 하였으렷다.

새로운 것을 가지고 싶다면 가진 것 하나쯤은 버릴 줄도 알아야하고, 어떤 것을 지키고 싶다면 어떤 것은 포기해야 한다. 미련을 못 버리면 둘 다 잃게 된다는 이치로서 그릇 안을 비웠을 때 다음 것을 순조롭게 채울 수 있다는 원리와 같다.

게으른 자들에게는 재물이 따르지 않고, 변명하는 자들에게는 성장이나 발전이 외면을 하며, 거짓말하는 자들에게는 희망이 멈추면서 간사한 자에게는 친구가 없다고 하였으렷다.

상대방들이 늘상 한결같이 변하지 않을 거란 생각은 접어라. 본인에게 묘수妙手가 있다면 상대방은 통박을 굴리는 재주가 있어서 한순간에 변한다. 이기고 지는 것에 관심이 많아서 만족을 모르는 인간들은 욕심만을 쫓아다니다가 중요한 것들을 잃게 된다고 했느니라.

　탐욕이나 욕망 같은 것하고 역병이나 돌림병은 같이 공존하여왔고, 사욕이 만들어가는 허욕하고 건강은 필수로 엮여 있으렷다.

　복잡하면서도 변화무쌍한 끝없는 난관의 시절을 우리는 견디면서 지켜야하는 시대를 살아가야하는 것이다. 양쪽모두 차지하려다가 둘 다 잃게 되는 경우가 허다하니, 무엇인가가 필요로 하다면 가진 것을 포기할 줄도 아는 욕심의 빈자리를 만들어가도록 하렷다.

사람이란

짐승들은 먹기 위해서 움직이고, 사람들은 이익을 위해서 존재한다고 하는데, 짐승으로 나와서 짐승으로 살아가듯이 인간으로 나왔으니 사람답게 살아야 하렷다.

사람이란 존재는 재물과 명예에서 생명까지도 한낱 보잘것 없는 습관으로부터 망가지는 것이고, 또는 음탕한 성욕과 문란한 쾌락의 문턱을 넘나들다가 폐인이 되며, 습관이란 인간생활의 길 안내자이면서 감정이라는 벌레가 파먹는 고질적인 습성이기 때문에 가려서 처신하는 버릇으로 만들어야 할 신중하고도 세심한 관리가 필요하다.

조만간에 100억이 넘어갈 것 같은 천문학적으로 불어나는 숫자의 인간들이지만 재물과 욕망이라는 요지경 같은 울타리 안을 의지로는 벗어날 수 없기에 살아있는 마지막 시간까지도 자신의 생각대로 관리하기가 매우 어려운 것이다.

술과 담배 같은 습관성 기호식품들의 지배아래 몸과 마음이 망가지는 경우가 대부분이고, 모든 것을 쏟아 붙고 다 바쳐서 희망하던 정상이라는 곳에 올랐어도 또는 문턱까지 오르다가도 똥과 오줌 같은 생리현상의 성욕 한번 잘못 관리해 추락하고 패가망신하는 일들이 비일비재하게 벌어지면서 초라하고도 빈약한 생활들로 간신히 버텨가는 것뿐이다.

다른 인간들은 안 돼도 나는 괜찮다는 허황되고 경박한 사욕들로 인해서 인격의 경계선에서 쓰디쓴 좌절을 맞이하게 되는 것도 갈 때까지 가보자는 분별력을 상실한 하찮은 자존심 때문이다.

불량한 자들의 이합집산이야 말할 것도 없지만 선량한 사람들끼리도 신뢰를 유지 못하는 것은 양보가 안 되는 자존심과 의심에서 오는 미련 때문이리라.

조마조마하면서도 마음 졸이는 불안한 사회에서 인간들이 관리하면서 다스림을 받아야 할 것은 언행과 처신 그리고 양심에서 나오는 경우와 상식만이 유일한 보루가 되어 지리라.

사람이라면 인간다워야 하고, 인간이라면 사람답게 살아야 한다.

6부 악惡일까 축祝일까

이런 시절도
염치없이 뻔뻔하다.
추잡하고 불결한 행동
가치는 반대로 인해서
여기서 멈추렴
도망가는 돈
서로가 모두가
아름다운 얼굴
삼천리 방방곡곡
양심의 거울
악惡일까 축祝일까
제대로 된 욕망慾望
요지경으로 가는 세상
어떻게 이런 짓들을
금지된 것들을 탐한 죄罪

이런 시절도

　　평등과 불평등이란 과제와 공정과 불공정에서 발생하는 대립이라는 이해관계는 고질적인 모티브가 되고 있다. 한편에서는 죽기로서 살아보겠노라고 일방적으로 뛰다가보면 자신도 모르는 사이에 쫓고 쫓기는 신세가 되기도 한다.

　감정조절의 과부하로 성격이 개차반인 것들하고 어울려 분별을 모르고 지내다가 굴러 떨어지거나 고꾸라지는 곳에서는 쇳가루가 자석에 끌리듯이 돈 버러지들한테 걸려들기도 하는데, 이런저런 무리들이 모여서 어수선하고 혼란스럽게 굴러가는 마차행렬에 대부분 편승하게 되어있다.

　재물이나 성욕에 눈이 먼 살해범들이 이유 없이 타인의 생명과 인격을 말살하였는데도 범인들한테는 인권이라는 법이 앞장서서 인격을 변론해주며 국민의 세금이라는 직권으로 완벽하고도 안전한 곳에 모셔다가 먹여 살리고 있으렷다.

　이유도 없이 생면부지인 살인범들한테 잔인하게 살해를 당하는 사람들은 원래부터 인격을 갖추지 못하고 태어난 것인가

보다.

　언제부터 이렇게까지 엉터리 제도가 만들어졌었나 의심스럽고, 언제까지 이런 방식으로 이어져 가야하나, 궁금하고 안타까운 마음, 아이러니한 심정은 대부분 같은 생각일 것이다.

　제대로 된 법치국가가 정착되려면 공직자들이 비리非理를 저지르면 자손들이 삼대동안 공직公職시험을 치를 수 없도록 법으로 제정하여 국민들에게 솔선수범의 모범을 보여야 한다. 일반인들이 범죄를 저지르면 가담자들까지 찾아내어 두 번 다시 되풀이 될 수없는 지경으로 제재를 해야 하고, 공직자들에게도 해당이 됐으면 하는 바램이로다.

염치없이 뻔뻔하다.

 애증의 사촌격인 간사한 언행은 벼룩이의 낯짝과 빈대의 양심에다 비교하니라.

사랑이나 연정 같은 애착은 순간적인 충동이나 감정에서 만들어지는 것들이라 정신력으로 관리를 못하면 평생 동안 마무리 할 수 없는 후회거리를 남기기도 하니라. 세상의 온갖 추악한 일부의 사건 사고들은 남자들과 여자들이 불안정한 애정행각을 함으로서 만들어지는데 거기서 쏟아지는 비난의 과제들을 성소수자들에게 뒤집어씌우는 비열한 짓거리가 되어왔고, 또한 계속되는 동기로는 옳고 그른 것들을 다수가 마녀사냥 하듯이 소수들에게 덤터기를 씌웠던 것이다.

가지가지 불륜에다 강도 강간 살인범들이 시도 때도 없이 극성을 부려대는데 이런 극악무도한 짓거리가 성소수자들하고 어떤 관련이 있는가도 실사를 해서 밝혀야 할 과제이다. 윤리와 도리가 뭉개져버린 이러한 사회에서 성소주자가 아니고, 남성이나 또는 여성들 중에 성욕에서 생기는 애정문제만은 자신하고는 무관하다고 당당한 의지를 가지고서 말할 수 있는 자들이 얼마나 될 것인가도 의문스럽다.

조물주가 만든 생명체 중에서 인간들은 부끄러움을 모르는 염치없고 추잡하며 음란하면서도 뻔뻔하니라.

윤리와 도덕이 무너져가는 사회에서 의무와 임무는 어떤 자들의 선택이나 혜택이 아니고 남녀노소 누구를 막론하고 각자가 만들고 찾아서 갖추어 살아야 할 의지이며 본분이 되는 것이다. 까다로운 현실사회에서 경우와 상식에 위배되는 행동은 그에 상응하는 대가가 분명하게 따른다는 것을 명심하도록 계속해서 제도화해야 할 것이다.

추잡하고 불결한 행동

　　멀쩡하게 생긴 인간들이 미친 짓을 하는 것은 술과 마약을 복용하고 나서 발작 증세로 나타나는 추악한 현상이다. 성욕에 미쳐 날뛰고 돈에 환장병이든 일부분의 인간들은 작은 감정만으로도 분노를 표출하면서 자신들이 하고자 하는 처신들을 제멋대로 구사하므로 많은 사람들에게 불안감을 묘사描寫하고 있는 것이다.

　성소수자들을 변태라고 비난을 하고 앞머리가 벗겨진 자들을 대머리라며 재수가 없다고 빈정거린다. 이런저런 인간들의 구조를 살펴보면 성욕 때문에 만나는 대로 그 짓거리고, 순서대로 살해하고 보험금을 챙기는가하면, 토막을 내서 버리고 목을 졸라서 죽여 대는 인물들은 재수가 좋아서, 변태가 아니라서 불결한 짓들을 하면서 숨어서 살아가는 것인가.

　자신들의 눈과 귀로 흑과 백을 잘도 가려내면서 본인의 추잡하고 음흉한 행동에는 주변이 모두 귀먹고 눈먼 장애인이나 바보들로 인식하고 있으렷다.

　범죄자들의 집합소인 교도소 잡범들 속에는 대머리가 없고,

있다면 정치범 수용소인가. 쌍방고소로 걸려든 불륜에다 강간 강도 살인범들은 수두룩한데 성소수자들은 없다는 통계로 보도가 되었으렷다.

높은 직위나 명예도 단한번의 불륜으로 허물어지고, 많은 재물들도 억제하지 못하는 육욕으로 사라지는 것이 아니던가.

거짓으로 포장한 추잡하고 부끄러운 자신들의 행실을 소수자들에게 뒤집어씌우는 그네들의 처지들이 얼마나 떳떳한지는 본인들이 풀어가야 할 과제이지만 거짓은 속일수록 무거워지는 양심의 숙제가 쌓여갈 뿐이다.

상상 이상의 잔혹성을 가진 무리들의 잔인하고도 무자비한 행동으로 인해서 끔찍하고도 잔악한 현장들은 만들어가는 불행한 사회가 더 이상은 생겨나지 않았으면 하는 희망이로다.

가치는 반대로 인해서

세상에 모두 좋은 것만 있다면 나쁜 것이 어떤 것인지 모를 것이고, 반대로 나쁜 것만 있어도 좋은 것이 어떻게 생겼는지 모를 것이다. 사람들도 마찬가지이기에 경우와 상식은 옳고 그른 것을 가리는 구분이 되면서 교훈이 될 것이고, 상대방이 자신의 마음에 안 들고 싫다고 해서 잘못된 사람이라고 착각하면 그것은 무지에서 오는 자만심을 제대로 관리하지 못해서 갖춰진 인격체이니 빨리 고쳐야 할 것이니라.

기분과 감정에 따라 자주 바뀌는 경박한 행동이나 가벼운 처신들이 되돌릴 수없는 후회거리들을 만들어도 놓는다.

많고도 많은 인간들 속에 어울려 살아가노라면 얼굴을 알 수 있는 사람이야 무수히 많지만 마음속까지 들여다 볼 수 있는 사람은 몇이나 되겠는가.

가족들 중에서도 부모는 자식들이 어릴 때는 마음속 깊숙이 사랑하게 되지만 자식이 성장을 하면 성격차이로 또는 욕심 때문에 알 수 없는 기질들로 변질이 되어 가는데 보통은 감정으로 인한 계산이 우선순위가 되어있다.

나무에 가위질을 하는 것은 그 나무를 바르게 자라기 위해서이고, 자식들에게 매를 드는 것은 자식의 장래를 위해서이다. 부모에게 꾸중을 듣지 않고 자란 아이들이 제대로 성장한 어른은 드물다고 하였으렷다.

노력 없이 쌓이는 재물들은 오래가지 못한다고 하였다. 인성性 없는 교육은 아무리 많이 배워도 가치가 없는 것이며 지식 또한 아무리 쌓아도 양심을 갖추지 못하면 인간으로서의 의미를 잃게 되는 것이다. 하나씩 하나씩 세심하고도 신중하게 구별하여 자신을 관리하는 습관을 가져야 할 것이다.

여기서 멈추렴

 길道이 아니면 가지를 말고, 의義가 아니면 보지도 말라고 했으렷다.

생명들이 살아가는 지구라는 땅에서 신神들이 실제로 존재한다면 인간이란 동물은 별로 필요치 않은 애물이 아닌가 싶다. 방법도 방식도 무자비한 수법으로 이익만을 추구하는 비열한 수단가에다 상식이하의 짓거리부터 극악무도한 만행까지 지상 최고의 야비한 근성의 실체들이다.

노력은 회피하면서 호사만을 누리려하고, 도리나 예의는 무시하며 재물과 쾌락만을 탐하는 무리들은 무턱대고 폭력과 파괴까지 제멋대로 자행하고서 의무와 책임은 외면하고는 권리만 주장하는 현존물이기에 어디에도 더불어 어울릴 수없는 위험한 존재들이 아닌가 한다.

성격이 포악해서 맹수들보다도 사나운 동물이면서 야비한 행동과 비열한 처신의 특권자 기질로 타고난 무리들의 무자비한 행동들이 더 이상 지속되지 않기를 바라는 것은 모두의 소망일 것이다.

명심보감처럼 따라 붙는 말 중에 오죽했으면 '머리 검은 짐승은 거두지마라' 했으랴. 거두어 정성껏 길러놓아도 마음까지 내주면 목숨이 위태롭다고 했듯이 동족과 형제까지 잡아먹는 뱀과 상어 같은 동물들과 비유해서 생긴 말이렷다.

  지구상에서 그 무엇도 인간들보다 악랄하고 사악한 것이 없을 것이다. 조물주와 신들이 있다면 특별이 관리를 하든지 아니면 계속 이들을 그대로 두고서 자연自然을 운행하지 않았으면 한다.

도망가는 돈

 탐욕으로 쌓아놓은 재물이라는 것들에게는 원망과 저주라는 요물들도 옮겨오는 과정에서 같이 묻혀 왔으렷다.

인간들이 죽을 때까지 포기를 못하고서 잡으려고만 쫓아 다니는 것이 있는데 모두가 좋아하는 돈이 되겠다. 행복과 불행을 동시에 가져다주는 돈으로부터 스트레스를 받고 돈 때문에 병이 들어가며 돈으로 인해서 생명이 좌우되니라.

돈이란 천상에서 내려온 것도 아니고, 자연에서 태어난 것도 아니며, 필요로 해서 수없이 만들어가는 필수품 중에 하나인 것뿐인데 왜들 생명까지 밀치면서 가지려고 안달들을 하는가. 선善과 악惡에서 경우와 상식까지 모두를 초월하고는 존재를 과시하는 돈이야말로 위대하다 못해 무서운 존재이로다.

마지노선이 없는 돈의 위력 때문에 목숨을 걸고서 투쟁을 벌이고, 싸워야하는 인간들의 모습은 다방면에서 벌어지는 생지옥 같은 현장들이라서 반대로 돈紙幣이 가장 싫어하는 것은 인간일 것이다. 싫다고 도망만 다니는 돈들을 쫓아서 별아 별 인간들이 별아 별짓을 다하면서 돈을 향해 분별없이 몰려다니니 돈들이 놀라서 도망을 치는 것이리라.

　멍청한 짓도 아슬아슬한 짓거리도 돈을 향한 욕심을 따라서 하게 되고, 위험한 짓도, 비열한 짓거리도 돈을 쫓아 사욕 때문에 저질러진다.

　애물이 되었다가 요물이 되어가는 재물들을 지키느라 애지중지 긴긴 세월을 가는 줄 모르게 흘려서 보내고 나면 모두들 차례대로 안타깝게 사라져가는 과정만 남아있을 뿐이다.

　행동은 여기서 하면서 정신은 그곳에 가있는 인간들은 지폐의 노예들이면서 움직이는 허수아비들이다.

서로가 모두가

감정이 개입하기 전에는 인간들 모두는 성실하고 친밀하며 순수한 사람들이다. 분노는 지혜를 흐리게 하고, 증오는 판단을 흐리게 한다고 했듯이 자존심 때문에 붙어 다니는 교만을 버리거나 관리하지 못하면 누구라도 마음이 조급해지면서 분별심이 사라지므로 이기적이거나 다분히 폭력적으로 난폭한 행동을 하게 될 것이니 당사자들의 미래는 분명히 불투명하게 되면서 고달프게 살아갈 것이로다.

본인의 생활과 남들의 생활을 비교하여 불평불만만을 늘어놓아 보아야 본인만 우스운 꼴이 되거나 비굴해질 뿐이다. 욕심은 불만을 만들어내고, 부러움은 초라함을 낳는다고 했으니 자신들의 미래를 위해서는 배려하는 마음과 넉넉한 감정을 달련하여 어긋날 생각들을 제거해야 하렷다.

소문을 다니면서 옮기는 자와 남의 험담을 들추어내기를 좋아하는 자는 화를 면하기가 어렵다고 했으렷다.

부드러운 혀는 닫은 입술 속에 감추고, 온유한 귀로는 듣는 대로 흘려보내면 화내고 다툴 일이 없을 것이라 했다. 입을 다

물고 있는 자는 총명한 사람이고 침묵하고 있는 자 역시 지혜로운 사람이다.

멀리 보는 지혜를 달련하는 사람은 인생을 물처럼 유연하게 살아갈 것이라 하였고, 신중하게 생각하면서 말하는 사람은 신상이 평안할 것이다. 적당히 본인이 가진 것만으로 행복을 찾으면서 조성助成하여 살아가는 것만이 최선책이라고도 하였으렷다.

조금씩은 양보하고 사소한 것이라도 배려하는 자세와 정도의 분수를 지키며, 바르게 찾아서 가는 다정하고 사이좋은 사람으로 서로가 모두가 평화로운 사회를 만들어 가자.

아름다운 얼굴

 사람이 아름다운 것은 외모나 얼굴이 아니고 언행이라는 처신이 되겠다.

따지기를 즐겨하는 자는 적을 만들고, 재물을 지나치게 탐하는 자는 반드시 재앙을 만난다고 했느니라.

당연한 말을 아니라면서 우긴다면 언쟁으로 이어질 것이고, 생각나는 대로 여과 없이 지껄이는 말들은 본인은 물론이고 상대방까지 곤란하게 만든다든지 때로는 패가망신까지 불러온다고 하였느니라.

입으로는 구구절절 옳고 그른 소리를 잘도 지껄여대면서 행동은 정반대로 처신한다면 험담과 비난의 대상이 될 것이다. 약속을 행동으로 지키면 보람되는 것이지만 생각이나 감정만으로 지키려하면 후회를 남기게 될 것이다.

소문이나 중상모략은 돌아다니면서 고무줄처럼 늘어났다가 오그라졌다가 하는데 모함이나 중상모략을 없애보려고 하면 오히려 살아나는 독이지만 그대로 두면 자연사한다.

보고 듣는 것을 즐겨야 하고, 말을 하는 것보다는 충분히 들고, 보고나서 말은 맨 나중에 하라고 얼굴의 맨 아래에 입이 있으렷다.

아름다운 꽃도 계속해서 보고 있으면 무이無異해지고, 진수성찬도 되풀이해서 먹으라면 맛을 모르듯이 아무리 좋은 명언名言도 계속 듣고 있으면 싫증이 나리라.

좌우로 귀담아 들으라고 귀耳는 양쪽에 있으며, 똑바로 살피라고 눈은 맨 위에 둘이 있음이다. 코鼻는 정갈하게 하기위해서 입口 위에서 냄새를 맡으면서 맑고 깨끗한 공기만을 골라서 마시고 내보내는 중이다.

많이 보고 더 많이 듣고 나서 신중하게 말을 하면 어긋나거나 탈이 없어 삶은 평안할 것이며 생각과 마음이 즐거워지면서 얼굴은 아름다워질 것이다.

삼천리 방방곡곡

꿈에라도 보여서는 안 되는 일들이 벌어지고야 말았구나. 삼천리 방방곡곡 모두모두 놀라게 하고 오천만 마음과 정신을 의심케 하던 그날, 따사로운 햇볕은 구름을 밀쳐보려 했으련만 서릿바람은 매섭게 소원所願을 짓밟고 가버렸다.

착하고 성실하며 올바르게 살아가겠노라는 언약은 메아리로 끝이 났나. 친척들은 외면하고 이웃은 없으며, 국가는 바빠서 챙겨보지 못했던 송파 세 모녀母女는 조물주를 찾아 가셨고, 세월호의 가녀림은 자연으로 돌아갔는가 보다. 모면하려 애쓰고, 벗어나려 몸부림을 치며, 탈출을 해보려고 그렇게 최선을 다했으련만, 슬프고 서럽고 애처로운 그와 여기가 지척이었건만 통탄할 노릇이다.

강산은 신록新綠이고, 물결은 선명鮮明하며, 하늘 땅 바다는 그대로 이건만 애처롭구나, 슬프고도 시려움도다. 어디 좀 보자구나 애들아, 어디 있니? 엄마는 찾다가 눈이 멀었고, 아빠는 기다리다 생각이 멎었다. 사람들이 너희들을 외면하드냐. 햇살이 너희들을 비켜 갔느냐. 절규와 고통은 그 자리에 멈추었고, 생각도 기억도 미래까지 사라지고 없구나.

 모두가 너희들을 잊을지라도 대양大洋은 너희들을 품에 안았고, 하늘은 너희들을 지켜보고 있단다. 천지天地가 열두 번 뒤바뀌더라도 꿈이라도 좋으니 아빠 엄마는 너희가 있는 곳이라면 어디라도 가겠다.

 그날 그 시간 이전으로 돌아가서 마법魔法 같은 기적으로 다시 만나보고 싶다 애들아…….

양심의 거울

핑계와 변명으로 순간들을 모면하면서 살아가는 인간들은 누구나 자신의 생각과 판단이 사물의 근본이 되고 또는 원칙으로 착각하면서 살아가고들 있다. 본인의 행동이나 처지를 조금만 살피고 나면 남의 허물을 함부로 말하지 못하리라.

모든 인간들에게는 거울이 두 개가 있는데 하나는 다른 사람들의 장점과 단점을 보는 거울로서 앞에다가 매달고서 돌아다니고, 다른 하나는 본인의 행실을 보는 거울로서 허리춤에 매달고서 살아들 가렷다.

모두들 앞에 거울로 상대방의 결점들을 잘도 들춰내고 가려내서 험담하고 비방하며 사방으로 소문까지 퍼트리면서도 정작 자신들의 행실은 전혀 돌아보려고도 않는다. 내가 볼 수 있는 상대에게도 내가 보이듯이 내가 아는 모든 것들을 상대도 알고 있다는 것을 간과해서는 안 될 것이다.

다수의 이런 저런 인간들 목적으로 재물을 축적하고 나면 명예를 얻으려고 온갖 짓을 다하게 되고, 명예를 차지하고 나면 방향은 허영과 야욕의 향연장으로 몰려들 가니라.

　재물에는 불안과 화근이 붙어 다니고, 명예로는 배신과 배반이나 또는 비난의 화살을 피해서 다녀야하는 곤욕이 따르므로 카멜레온 같은 변장이 필요하다. 다음으로 발동하는 향락과 성욕에는 각종의 퇴폐와 풍기문란으로 생겨난 난치병 풍토병 같은 각종의 고질병으로 시달림이 따를 것이다.

　수치스러움을 차치하더라도 욕망에 구애받지 않는 자가 몇이나 되겠는가. 다만 스스로를 인내심으로 관리하면서 슬기롭게 대처해 나아가는 것만이 양심의 거울에서 해방되어 자유의 몸이 될 것이로다.

악惡일까 축祝일까

시작이 반이라는 희망의 구호가 따라 붙는데 성공하면 출세하는 것이 되고, 실패하면 괴변怪變이 난무하게 따라 붙는데 상상 이상의 배신과 잔혹성을 갖춘 것이 인간이기 때문이다. 악과 축祝은 인간들이 만들어가는 정반대의 결과로서 하나는 양심에 의한 것이고, 한쪽은 감정에서 만들어진 것으로서 성공을 하면 축복을 받은 것이 되고, 실패하면 악마가 뿌려놓은 액운이 묻은 것이라 하니라.

악惡의 근원이 재물 때문이라 하고, 모든 화근의 주인공이 지폐가 된다는 것은 핑계이며 엄밀히 가리면 인간들의 생각이나 지능으로 양심을 제대로 관리를 못해서 만들어지는 폐단이다. 그러나 지폐와 인간은 실과 바늘 같은 사이로 봐도 무리는 아니다.

사회의 모든 사건 사고들은 거의가 돈 때문에 벌어지고, 호의호식 향유하면서 대를 이어 누리는 것도 돈의 힘이며, 세상을 돈이 지배하는 것도 분명한 현실이면서 돈이 양심까지 좌우하는 것도 명백한 사실이다.

인간들의 거대한 체제와 이념에서부터 무지막지한 탐욕에서 사소한 흉계까지 돈들이 관여하므로 근심 걱정 고민이라는 서글픈 비애가 뒤를 따른다.

배려하는 마음과 양보하는 자세를 갖춘 자만이 신뢰가 저절로 쌓인다고 하였으련만, 안 된다 못한다 절대로 하지마라. 엄포와 강요로 두려움을 형성해가는 사회는 사기꾼 협잡꾼 거짓과 비행이 판을 치는 황당하고 혐오스런 시간으로 계속해서 이어져가고 있는 것이다.

시간과 세월이 지나고 나면 모든 것이 부질없는 짓이라는 것을 알게 되지만 후회를 하면서도 태어나서 한세상 살다가 죽은 뒤에 유지維持까지 돈들이 관리를 해야 하니, 이유 불문하고 무조건 악몽 같은 돈의 지배를 받는 것이 사실인 것을 부정하기는 어려우리라.

제대로 된 욕망慾望

사람이라면 물질을 지배해야지 반대로 물질의 지배를 받게 되면 불만을 시작으로 번민과 고민에 빠지게 된다. 하고 싶은 짓 다하면서, 가지고 싶은 것들 다 갖추고는 오래오래 영원히 살고 싶은 것이 지능을 갖추었다는 인간들의 욕망이다. 하고자 하는 것 중에는 쾌락은 실감나게 쾌감을 만들어주는 습관성 본능이 있지만 되풀이되는 쾌감은 수명을 단축시키는 지름길을 만들어 놓을 것이다.

습관이란 서서히 도태시키는 이물질이지만 자존심이란 순간 또는 아주 빠른 시간에 파멸로 몰아가는 독버섯 같은 존재이다.

세상이 신비롭고도 아름다운 것은 건강하기 때문일 것이고, 삶이 즐거운 것은 남들한테 피해주지 않으면서 마음대로 하고 싶은 대로 하면서 살아 갈수 있기 때문일 것이다. 그러나 자주 즐기다보면 습관으로 이어지고 분별력이 흐리게 되면서 결정적으로 기氣가 빠져나가니 수족이 제 기능을 못하게 되니라.

건강을 지키기 위해서 별 아별 좋다는 것들을 다 구해다가 먹으면서 건강에 해롭다는 기호식품들의 습관에서 벗어나질 못하는 것도 인간들의 아이러니한 딜레마라 할 것이다.

불만족의 자괴심이란 인내력의 결핍이고, 의지의 쇠약이기도 하다. 언제나 똑같은 행위를 하면서 싫증이 나지 않는 사람이 없는 것처럼 싫지만 살아남기 위해서는 인내력으로 참아내는 수밖에는 별도리가 없을 것 같다.

모든 것이 생각과 마음에서부터 시작이 되는 것이라 먼저 마음을 굳게 다스리면서 자신의 체력은 본인이 잘 관리를 해서 오래도록 건강을 지켜가는 것만이 유일한 방법이 될 것이다.

요지경으로 가는 세상

생각이 더러우면 더러운 것만 보이고, 마음이 깨끗하면 깨끗한 것만 보이듯이 부정이든 긍정이든 자신의 양심良心에서 시작이 되니 좋은 생각과 유쾌한 마음으로 육체적인 건강과 정신적인 건강은 동등同等하게 유지하면서 즐겁고도 편안하게 살아가는 것이 최선책이 될 것이다.

때로는 눈으로는 보이지 않는 얄궂은 운명으로 누명을 뒤집어쓰게도 되고, 떠돌아다니는 역병 같은 전염병에 걸려 고통 속에서 허우적이게도 되는데, 반면에 지긋지긋한 가난의 굴레를 벗어던지는 뜻밖의 행운을 만나기도 하는 것이 인생의 변천사가 되는 것이리라.

싫다고 도망만 다니는 재물에 미쳐서, 평생을 거짓말에 사기꾼으로 살아가는 무리들이 있는가하면, 욕정이 발동하면 부패한 동물의 사체수준이라도 좋다고 핥고 빨고 쑤셔대는 더러운 짓거리를 한다. 게다가 음란 동영상을 만들어 돈까지 챙기는 집단들이 부지기수로 존재하는 요지경으로 가는 세상이기도 하다.

위에 견주면 모자라고, 아래에 견주면 남는다는 행복의 필요한 비결은 얼마만큼이나 갖추었느냐가 아니라 불필요한 것에서 얼마나 자유로운 것인가에 의문을 던져본다.

좋은 생각과 넉넉한 마음을 간직하면 어긋날 일들이 피해서 간다고 했는데 행복을 찾는 방법을 깨우쳐주는 유익한 명제들을 대부분은 잘들 알면서도 실천을 외면하기에 세상은 언제나 불평과 불만으로 짜증스럽게 살아가는 것이리라.

배려와 희생까지 모범적인 언행에서 이런저런 유희와 향락까지 관리를 잘해서 모든 이들에게 감명과 교훈이 되도록 지폐에 기록이 되어있는 분들이 있는데, 지금부터라도 모두가 그분들의 업적이나 생활상을 따르려고 노력한다면 사회라는 곳이 조금은 평온을 유지하게 될 것이다.

어떻게 이런 짓들을

창조자께서 이런 실수도 하시었구나. 시도 때도 없이 벌어지고 있는 가지가지 불륜에 각종의 강간살인범들은 어느 부류의 인간들이 하는 짓들인가. 요부妖婦나 색공色公들만 모인 남자들은 여자를 찾고 여자들은 남자를 골라가는 습관성 인내심이 인간들의 마지막을 향해서 가고 있으리로다.

어느 특정한 무리들이 보통普通의 인간을 강제로 유인하여 인간이 처음 세상 밖으로 나오는 신성하고도 숭고한 곳에다가 돈을 목적으로 엽기적인 별짓을 다해서 상품화하는 것들이 있다.

후유증으로 생기는 악성의 과제들은 소수자들에게 뒤집어씌우는 이적利敵질까지 한다.

요참이나 팽형으로 참수해야 할 만행들이지만 히히 낙낙 낄낄거리며 영상을 살포하는 자들 모두 우선은 생물학적 수술과 치료가 필요한 인간들이다. 상한 생선을 갈라서 붙여놓은 모습에다, 내장이 너절너절 검어 칙칙 썩어가는 수준인 것을 서로 빨고 핥고 쑤셔보겠다고 대기 중인데 열광의 도가니 같은 유행병이라서 보기 싫어도 보게 되고 듣기 싫어도 듣게 된다.

비위가 상해서 먹은 것들을 모두 토해낼 것 같은 요망妖妄진 장면들이지만, 오래도록 무시당한 어떤 소수자들에게는 쾌재를 부를 만한 소재所在도 되리라.

모두가 믿고 사는 세상에서 평화롭게 살고 싶어 남들을 속이지 않고 미워하지 않으려 한다. 그런데 어찌 하다하다 사회가 이 지경까지 와 버렸다. 성별이 반반인데 무엇이 부족하고 아쉬워서 이렇게까지 해야 하며, 방책의 해답은 없는 것인가.

살인마들도 장소가 바뀌면 메시아 행세를 하는 세상이라지만, 또는 아무리 돈이 좋고 성욕에 목이 말라도 짐승들은 되지 말거라.

금지된 것들을 탐한 죄罪

모자라면 약이 되지만 과課하면 독이 되는 이치를 위반한 대가代價를 치러야하는 것이 법칙이다. 코로나 대감께서도, 오미크론 여사께서도, 금전을 매우 좋아 하십니다. 마법을 타고서 재물이 쌓여있는 곳과 인간들이 많은 곳은 절대로 그냥 지나가지 않으십니다.

거짓말에 막말을 얼마나 많이 해대면 마스크로 입口을 막고서 살라하고, 얼마나 열熱을 올리며 살아가기에 가는 곳마다 체온을 체크하라고 하며, 시기하고 미워하며 서로 어떻게 다투어 대면 거리를 두고 지내라하시겠나.

손手으로 얼마나 이상한 짓과 나쁜 짓을 많이 했으면 어딜 가나 손을 씻고 소독을 해야 하며, 비밀스럽게 못된 짓을 많이 하고 다녔으면, 가는 곳마다 연락처를 기록하라고 일일이 당부.하겠는가.

본인本人만은 하고 싶은 대로 해도 괜찮고, 다른 자들은 절대로 해서는 안 되는 이기적인 사고방식에 취해서 살아가는, 요 지경 같은 생활을 하는 인간들에게 찾아온 마법의 심판대에 꼼

짝없이 제대로 걸려들었으렷다.

옛날 옛적부터 여러 개의 판도라상자들이 아직껏 주인을 기다리는데 어떤 것이 행운의 열쇄인지 악마의 열쇄인지 알지 못하기 때문에 자물통에 손을 대지 못하고서 망설이고 있는 것이다.

여러 가지 질병을 한 번에 고치는 만병통치약도 없고, 근심 걱정 고민을 일거(一擧)에 없애는 해결책도 없으며 악질적이면서 사이코패스 같은 무리들을 한꺼번에 정리하는 도깨비방망이도 없음이라. 인간들은 무지한 꿈들은 구면서 판도라상자 같은 허상을 만들어내고 있는 것이다.

하늘은 뜻이 있어 세상을 펼쳤을 것이고, 땅에서는 따라서 지켜야할 의무가 있어 만물들이 그렇게 하고자 따르려 하련만 유독 인간들만이 원칙과 도리와 이치를 따르지 않고서 제멋대로이다.

7부 자연의 경고警告

지옥문이 열렸다.
불청객
누가 누구에게
코로나 대감께서
행복이란
생존과 의지意志
원칙과 이치理致
공정과 평등
자연의 경고警告
노발대발怒發大發
여정旅程
추락하는 언어言語
공짜는 없고 가짜는 있다
지혜智慧
습관習慣

지옥문이 열렸다.

 인간보다 간사하고 비열하며 엽기적인 동물이 또 있을까?

환락을 즐기는 자는 정신분열에 시달리고 쾌락을 즐기는 자는 각종의 질병에 시달린다고 했으렸다. 소수자들은 다수자들한테 구별을 받으면서 살아가는데 그중에 성소수자들은 비위생적인 차별까지 감수하고 있다. 왜들 이정도 밖에 안 되는지 별의별 일들이 다 있다지만 어떻게 이런 일이 벌어지고 있는 것인가. 금지된 것들을 즐기면서 영상으로 만들어 돈벌이를 하는 자들의 행실을 지적한다.

상해가는 동물들의 내장들은 어떤 모습일까.

혀로 핥고 입으로 빨고 지랄들을 하는 난잡한 음란동영상이 제멋대로 나돌아 다니고 있으니 고의든 우연이든 사춘기의 청소년들이 보게 되면 어떤 감정으로 성격변화를 일으키게 될까?

인간이 만들어지는 성스러운 곳이고, 사람이 태어나는 숭고한 곳에다가 재미로 쾌락으로 그리고는 돈벌이의 도구로 기가 막힌 지경까지 하면서 히히 낙낙 좋아라 즐기고들 있는 것이다.

그렇게 열심히들 벌어가지고, 좋은 집에서 자식들 좋은 것들 먹이고 입히고 좋은 학교 학원 보내서 가르쳐봐야 무엇하나. 콩 심은데 콩 나오고 팥 심은데 팥 나오는 이치인데 DNA나 RNA가 틀리면 더 이상한 노릇? 도대체 어디를 뜯어 고치고 바꿔야 고민 없이 편안히 누워서 잠을 잘 수 있을까.

짐승들도 아니고 분명히 인간들이 이렇게 막장으로 가고 있는데도 무관심처럼 흘러가는 기막힌 시대로 히히 낙낙 요망진 짓거리에 요지경으로 흐르는 사회를 어떻게 해야 하는가.

지옥문이 열려서 쏟아져 나온 괴물들이 하는 짓거리라면 몰라도 같은 사회에서 살아가는 인간들이 이지경이니 난감하고도 기가 막힐 노릇이로다.

그저 막연히 시간과 세월이 흐르는 것만 지켜보는 수밖에 별 도리가 없는 것인가.

불청객

요란하고도 불투명한 인간들 세상에 듣지도 보지도 못한 바이러스라는 불청객이 찾아 왔으렷다. 대자연의 이치를 위반하는 것들을 잠시 정리하러 왕래한 것으로 보이는데 불청객이 물러간 뒤에 또 다른 불청객의 방문이 염려스러운 것이라 이제부터는 정신들을 차려야 할 것이다.

작은 것에 만족할 줄 모르면 귀한 것들을 잃게 된다고 했는데, 야심野心을 채우고자 오만과 교만을 드러내는 자들의 무분별한 처신處身들이 사회를 불투명하게 만들어 그 틈을 살며시 밀치고 들어온 것 같다.

뾰족한 대안이 없는 정신적인 난치병들이 극심한 현실로 모두에게 닥쳐오고 있으니 오래도록 누려온 호화생활이 멈춰질까 고민들인데, 이러한 인간들에게 더 이상의 배려는 없을 것 같은 경고성차원에서 들른 것으로 보인다.

어찌 보면 놀랍고도 두려운 광경들을 미세한 바이러스들이 파격적인 전염병들을 데리고 나타난 것으로 보이나 결과는 누구도 아무도 알 수없는 현상이다.

휘말려 소용돌이 치고 있는 생존경쟁 속에서 인간으로 살아서 남기위한 모호한 태도가 더욱더 이리로 저리로 꼬일 대로 꼬여버린 난처한 처지들로 몰려버린 현상이다.

생로병사에 인간들은 늙어서 병으로 죽는다는 동기나 확신을 의미하는 내용이 직시하는데 늙기도 전에 제2 제3의 사이클론급 바이러스들이 나타나서 블안을 조성할지 근심 걱정들은 매일반일 것이다.

자연이라는 대명제大命題 안에서 작고도 보잘것없어 보이는 아주 많은 곤충들이 복잡한 과정을 거쳐서 새 생명으로 탈바꿈하여 살아가듯이 인간들도 크고 작은 복잡한 역경들을 헤쳐나아가야만이 조금이라도 길게 살아남을 수 있는 분명한 이치를 뉘우치는 계기가 되었으면 하는 소망이다.

누가 누구에게

삼신할미께서 재미삼아 점지한 다양한 구성원들이다. 모든 인간들을 100%로 환산하여 80%정도는 남자는 여자를 여성은 남성을 갈구하는 타성이지만, 남은 20% 중에 10%쯤은 남자가 남성을 여자가 여성을 좋아하는 성소수자가 되겠다. 나머지 10%는 마음이 남자한테 가면 남자를 좋아하고, 마음이 여성한테 가면 여성을 좋아하는 남성이든 여성이든 반반인 양성兩省으로 굳이 상대방과 엮여서 살아가고 싶은 욕망도 반반이라 스트레스를 덜 받는 조금은 편리한 종으로 보아도 무방하렷다.

한세상 살아가노라면 변명도 핑계도 어쩔 수없이 하게 되는데 동성끼리는 한쪽이 지옥에서 왔다 해도 대화가 가능하지만 상대가 타성이라면 천상에서 왔다고 해도 외면을 해야 만이 본인의 수명대로 버텨가는 두렵고도 무서운 요지경의 시대로 흘러가고 있으리로다.

간악하고도 비열한 무리들이 온갖 못되고 파렴치한 짓으로 사회가 공분할 만한 사건사고들을 생산해내는 시발점 역할도 성욕을 무분별하게 발산發散하는 곳에서부터 시작이 되고 있는 것이다.

시도 때도 없이 해괴하고도 추악한 짓거리를 제멋대로 하고들 있으면서 아주 못된 결함이나 흉 거리까지 소수자들에게 뒤집어씌우는 짓들을 하다가 사지가 마비되도록 응분의 혹독한 대가를 분명하게 치루면서 확실한 시간과 세월 속으로 사라져가고들 있느니라.

위에서 아래로 정확하게 물이 흐르듯이 인간들도 상식이라는 정도의 길을 가지 않으면 황당하고도 참담하며 얼이 빠진 어처구니없는 일들이 벌어지게 되어 있다.

코로나 대감께서

더 이상은 이대로 두고 볼 수 없어서, 작심하고 나타난 코로나는 백신도 치료제도 현재의 의학 수준으로는 완벽한 효과가 없다. 인간들로선 눈치 보며 살아가는 수밖에 없는 처지로 한동안은 조심스럽게 보내야 할 것 같다.

최고의 가치만을 추구하는 인간들이 몰려다니는 곳에는 코로나 대감께서도 두루두루 참여하시는 것 같다. 계절에 맞추어 찾아왔다가 다음 시즌에 사라지는 계절병하고는 차원이 다른 고위직 저승사자가 출연하신 것이다. 열망熱望에서 재물까지 그대로 좋아하시니 지폐가 씨種가 마를 때까지는 머물러 계시기로 작심하신 것 같다.

보이고 들리는 것에 야심野心과 사심私心에 눈이 먼 자들이 그동안 몰려다니면서 하는 짓거리마다 두려움과 공포를 심어 놓았다. 철조망을 설치하거나 장벽을 쌓아놓을 필요는 없다고 하면서 경우와 상식은 설 자리를 잃게 만들었다. 정의와 용기는 도망을 가게 만들어 놓았으니 도덕과 윤리는 지폐봉투를 따라다니고 양심과 인격은 폭력 앞에서 무릎을 꿇을 수밖에 없는 형편으로 되어있으렷다.

  다수의 절박한 생명들이 이쪽일까 저쪽일까 중심을 잃고 경거망동 허둥대는 사이에 올가미나 낚시 바늘에 다시 걸려드는 처지가 될 뿐이다. 요행수로 빠져나온다 해도 또 다른 용도의 소모품으로 쓰여질 뿐이라서, 그대로 두고 보아서는 아니 되겠기에 코로나 대감께서 작심하시고 등장 하신 것 같다. 따가운 교훈을 잊고서 다시 욕심을 앞세운다면 다음에 찾아오는 교훈과 훈육訓育은 인간들이 감당하지 못할 수도 있을 것이다.

행복이란

복福을 행운으로 받은 것이라면 복을 고루 나누어서 같이 행복하게 살아야 하리라. 불행을 만드는 것은 간단하게 가까이 있는 사람을 미워하면 되고, 행복 또한 가까이 있는 사람을 좋아하면 되리라. 옳고 그름의 차이를 알 수 있게 충고나 걱정을 해주는 사람이 주변에 있다면 보람과 가치있는 삶을 살아가는 것이 된다.

행복한 사람은 모든 것을 다 갖춘 자가 아니고 가진 것에 만족할 줄 아는 자이며, 찾아오는 사람들이 있고 갈 곳이 있으면서 하고자하는 일들을 즐거이 하는 사람이라 하였다.

많이 가진 자들은 아래쪽을 내려다 본다하고, 모자란 사람들은 위를 올려다보는 것이 보편적인 인간들의 심리心理가 되는 것이니 위만 올려다보면서 고민하며 지내지 말고, 아래쪽도 내려다보면서 다행이란 마음도 가져보라 했느니라.

어차피 당신은 아래도 위도 번갈아보는 중간쯤에서 불만과 불평을 갖춰가는 또 다른 한명의 인간이니까. 귀나 눈에 들리고 보이는 것들은 가려서 담아야 하며, 상처가 되거나 더러워지는 것은 그냥 흘려보내고, 보았어도 못 본 척 들었어도 못 들은 척, 그리하면서 양심에 인격을 쌓아 가면 된다.

너 때문이 아니고 내 탓으로 돌리며, 상대방을 귀하게 여길 줄 아는 겸손한 마음을 갖춘 사람은 언제라도 행복을 만들어가는 지혜를 갖춘 자라서 평안을 유지할 것이로다.

가치를 상실하지 않는 자라면 소중하고도 고귀한 가정과 가족들을 믿어 의심하지 않고 최선을 다해 지켜가는 자들이다.

만족이란 필요 이상의 것들까지 쌓여있는 곳이나 풍족하게 갖춘 곳에만 있다는 생각보다는 자신이 누구인지를 정확하게 알고 난 다음 생각과 마음에서 행동까지 관리하게 된다면, 작은 것을 가지고도 만족할 줄 알게 되면서 서서히 하나씩 행복도 만들어갈 것이다.

생존과 의지意志

욕심의 뒤로는 원한怨恨이 따르고, 배려의 뒤로는 은혜恩惠가 따른다고 했느니라. 탐욕은 지우고, 허욕은 내려놓고, 사욕일랑 버려라. 그러고 나면 행복은 어느새 다가와 있을 것이다.

원시적인 자연 상태부터 기적에 가까운 진화의 인간들까지 단 한 개도 예외 없이, 생명으로 나오는 순간부터 생존이란 먹고 먹히는 생태계의 순환적인 고리가 되는 경쟁 속에서 사생결단 살아서 남아야하는 험난하고도 기가 막힌 과정들로 여정은 연결이 되어있는 것으로 보인다.

생존이란 태어나서 생명이 끝이 날 때 까지는 계속해서 이어지는 지독하게 험난한 고난의 모험 같기도 하다.

살아서 남고자하는 욕구가 고난의 연속이라서 지혜와 의지로 살아가야하는 인간들에게 가장 어려운 상대가 바로 인간들이 되는 것이다. 간혹 즐겁고 행복한 시간이 잠시 잠깐 지나고 나면 지독하고도 무분별한 생존경쟁의 시작이라서 다시 또 무법자와 범법자들이 등장하며 비열하고도 잔인한 게임으로 이어지는 것이리라.

 질서와 규칙을 지키지 않는 무분별한 행동과 의욕만 앞서는 오만한 자들이 경우와 상식을 따르지 않아서 생기는 불규칙한 상황들이 대부분이다.

 예고 없이 다가오는 수난이나 시달림 같은 것들을 감당해야 하는 고달픈 여정은 꼬일 대로 꼬여버린 난감한 상태로 간신히 버텨가는 수준인데, 분명한 것은 고난과 시련을 극복해나갈 확고한 신념과 부단한 노력만이 참담한 현실을 헤쳐 나아갈 수 있는 길이 보일 것이다.

원칙과 이치 理致

　　인간은 완벽한 체력과 무한한 능력을 갖춘 절대적인 존재가 아니며, 몸은 정신과 영혼의 전셋집수준으로 보아야 할 것이다.

　초목들은 뿌리가 먼저 상傷하고, 인간들은 다리가 먼저 늙는다고 했듯이 나무는 뿌리가 튼튼해야 오래 버텨낼 것이고, 사람은 다리가 튼튼해야 건강을 지탱하렷다.

　부실한 주춧돌 위에 있는 건물들이 위태롭게 버티어 가듯이 하루하루를 불안하게 살아가는 인간들 대부분은 이런저런 경우와 상식이라는 규칙과 제도의 스트레스로 고민을 하면서 살아가야하는 외나무다리나 가시밭길 같은 위태롭거나 험난하고 힘든 여정의 연속성 길道이니라.

　모르는 것을 모른다고 솔직하게 말을 하고나면 새롭게 출발을 할 수 있는 용기가 솟아날 것이지만, 솔직하지 못하면 엉거주춤 중간에서 머뭇머뭇 더 이상 진전이 더디게 되어 있다. 지능 속에는 감정이 속해 있어서 기분이 좋고 나쁨에 따라 좋은 호감이나 나쁜 반감으로 분명하게 갈리므로 까다롭지 않고 차분하게 감정을 관리한다면 정신적인 건강을 유지하는데 도움이 될 것이다.

군자는 자신의 과오를 스스로 추궁하지만 소인들은 자신의 잘못을 남의 탓으로 돌리기에 급급하다고 했느니라.

자신이 누구인지 정확하게 알고 나면 허황된 고민은 물러갈 것이고, 작은 것을 가지고도 고마워하게 되면 만족은 저절로 갖추게 될 것이며, 건강과 행복은 평온과 안정된 곳으로 찾아올 것이다.

더불어 만물의 원칙은 자연의 이치로 증명이 되듯이 식물들은 뿌리가 잘 발달되어야 무성히 자라고 사람은 다리를 잘 관리해야 바른 자세와 바른 정신으로 건전한 생활을 유지할 것이다.

공정과 평등

자유 평등 박애라는 삼원색의 깃발을 내걸고서 평등과 공정이라는 법치국가를 만들어 놓으려고 까마득한 과거에서 지금의 현재까지 지구라는 땅덩어리 구석구석에서는 체제와 이념이라는 정치들을 하고 있으렷다.

서로가 평화롭게 잘 살아보자고 인간들은 끼리끼리 모여보지만 각자의 의견들이 성립되지 못하면서 진통과 분열만 되풀이 될 뿐이었다. 백성들을 헤아릴 줄 모르는 이념이나 체제를 내세우는 권력들은 오래가지 못하고 허물어지고 만다.

군주君主시대에 현명한 군주가 인내심을 가지고 경우와 상식을 공정하게 관리하였으면 백성들이 편리하게 살았을 것이고, 현시대에도 통치자나 지도자들이 불굴의 의지와 용기 있는 인내력으로 경우와 상식을 잘 관리하면 국가는 안정될 것이다.

왕이 모든 것의 주인으로 되어있던 군주제시절에서 백성들이 국가의 주인으로 바뀌는 자본주의 사회가 되면서 입법부 행정부 사법부라는 공정과 공평이라는 법치주의 국가들로 탈바꿈하였으렷다.

과거에는 벼슬아치들이, 현시대에는 공직자들이 공정公正을 규칙에 맞추어 관리를 하게 되면, 나라와 국가의 국력은 풍부해지고 튼튼해지며, 풍요롭고도 안정된 평안한 나라를 만들어가게 되리라.

  공정한 것들이란 필요로 할 때 다양한 사물을 대상으로 사용하도록 다양한 곳들로부터 모아진 주로 금품을 지칭하는데, 관리자들이 유혹을 뿌리치지 못하고서 흑심을 가지게 되면 공정한 사회는 허물어지게 되는 것이다.

  백성들도 개개인의 이득에만 치중하려 하지 말고, 때로는 양보도 배려도 하면서 그렇게 따라서 가면 모두들 불편 없이 평안하게 삶을 유지할 것이며 평화로워질 것이로다.

자연의 경고警告

🌿 모든 인간들에게는 즐거움과 행복을 누릴 수 있는 권한이 부여되어 있지만 반면에 지켜가야 할 윤리적인 의무와 규칙이 따르고, 또한 가지가지 스트레스로 인한 걱정과 고민을 감당해야하는 과제가 뒤따른다.

상대 쪽의 성별을 구분해서 음해하는 행위는 본인들의 부끄러운 행실을 감추고자 함인데 다수의 타성들은 동성이나 양성인 소수자들을 비난의 대상으로 여기므로 간혹 다툼의 여지가 되니라. 성소수자는 본인이 되고 싶어서 된 것도 아니고, 피하고 싶다고 피할 수도 없는 것이 태어날 때부터 그렇게 태어난 것이기 때문이니 자신들의 의도가 아니기에 비난할 이유 또한 없으렷다.

이 시대에는 결혼을 기피하거나 머뭇거리는 젊은 독신자세대들이 무수히 많은데, 사회생활의 능력에 대한 한계라든지 특히 사춘기 젊은이들에게는 무분별하게 분산되어가는 문란하고도 비위생적인 동영상들을 접하고 나면 잠재해 있던 비위脾胃적 성격인 거부감들로 고민에 빠지게 되리라.

종의 번식을 의무義務로 가는 다른 생명체들의 결합과는 달리 재미로 쾌락으로 기분전환의 습관성으로 즐기는 인간 무리들 중에는 오로지 돈만을 위한 맹목적으로 매음賣淫 매춘에다 별 아별 동영상들이 가세하고 있으며, 각종의 병명 미상의 성병들까지 창궐하는 것은 당연한 결과가 되렷다.

대자연계 안에서 필요하지 않은 생명체는 단한종도 없는 것이라 하였고, 각각의 분야로 생과 사에서 희생분야까지 감수하면서 생태계 유지에 임무를 다하는 것이며, 굳이 쓸모가 없다면 해충이나 독毒을 가진 벌레들 또는 질병의 병균들이라 하겠으나 그것들도 나름대로 역할분담을 하기위해서 자연 안에서 존재하고 있을 것이다.

윤리와 도덕이 무너지고 정상적인 가정들까지 파탄이 나면서, 자중지란이라는 종種의 마지막으로 가는 행동들로 인해서 자연의 끔찍한 경고가 따라오지 않을까 고민도 해보아야 하리라.

노발대발 怒發大發

자신의 분수나 주제를 안다면 남들에게 피해를 주어 눈살을 찌푸리게 하거나 손가락질 받는 처신을 하지는 않을 것이다.

대자연의 이치理致는 한 치의 착오도 없어보이듯이 계속해서 진행되어 가는데 양보가 있는가 하면 규칙이 따르며, 배려 같은 나눔으로 진행이 되어가는 것으로 더불어 살아가다보면 저절로 경험하면서 알게 되니라.

황당한 해석이라고 할 수도 있겠으나 인간들의 생각과 정신으로는 이해가 안 되는 부분들이 있다. 양심으로도 구분이 어려운 못된 짓거리를 한 자들에게 하늘이 격노하여 대홍수나 태풍으로 시련을 만들어도 놓고, 또는 결정권자가 노발대발 호통을 치듯이 화산폭발이나 지진 같은 저주咀呪의 심판을 하여 벌罰을 내리는 대자연의 이치를 인간들은 이따금씩 듣고 보며 경험하듯 살아들 간다.

진드기나 기생충 같이 비열한 무리와 야비한 집단들에게는 어느 날 예고도 없이 역병들이 창궐猖獗하여 여태껏 경험해보지 않은 재난과 재앙으로 번져가게도 하였다. 알면서도 잘못을 하는 자들에게는 분명한 형벌이 따랐으며 또한 선행의 미덕을 하는 자들에게는 흐뭇한 보상이 가족에게까지 주어졌다.

 잘되는 것에 대한 은혜는 모르면서 안 되는 것들만을 골라 핑계만 대는 오만한 개인주의 자者로 행동하지 말고, 본인들을 고결하고도 의미意味 있는 인간을 만들어가고 싶다면 언행과 함께 성실하고도 신중하게 처신하면서 살아가야 할 것이다.

 좋건 나쁘건 가리지 않고 모두에게 착한 일을 하는 자는 완성된 사람이며, 많은 사람들에게 즐거움을 선사하는 자와 많은 인간들에게 평안을 안겨주는 자가 오래도록 존경을 받을 것이로다.

여정旅程

인간들은 영원한 생명과 무한한 능력을 가진 절대적인 동물이 아닐뿐더러 아주 많은 생각과 복잡하고도 까다로운 고민을 하도록 욕심이라는 조물주造物主가 사람이라는 타이틀로 만들어 놓았으렷다. 앞으로 다가올 일들이 걱정스럽고 미래가 궁금하다면 지나간 과거들을 더듬어보라. 앞으로 남은 것들도 지나간 것들과 그대로 닮아 있을 것이리라.

어디쯤에서 어떻게 끝날지 모르는 여정旅程의 삶이란 곳에 찾아서 오는 자가 있고 찾아서 가야 할 곳이 있다. 같이 이야기 할 수 있는 사람이 있다는 것만으로도 불규칙하고 두려우며, 불안한 사회생활에서 안정의 시간과 평온의 쉼터를 만들어가는 주제主題가 될 것이다.

너도 가고 나도 가야하는 저기 빤히 보이는 길 위에서 서로가 화합을 하지 못하고는 다툼으로 불화를 만들어간다면 살아 있는 내내 스트레스에서 벗어나지 못하게 되는 것이리라.

말과 행동으로 서로의 생각과 마음을 읽어주는 친구들과 행복한 시간을 이어가는 흐뭇한 삶들을 만들어 보자. 배려하는 마음과 양보하는 행동은 작은 곳에서부터 보고 듣다보면 저절로 가지런히 정리가 될 것이니라.

　누구라도 골똘히 생각하면 어떤 일들이 벌어지고 어떻게 끝이 날지 알 수 있는 일들이라 무리하게 욕심을 앞세워 후회거리를 만들어갈 필요는 없으렷다.

　내 것들을 조건 없이 내어주면 필요한 것들이 저절로 채우러 온다고 했듯이 여정의 옆자리쯤은 비워줘야 다음의 여유로운 직분職分으로 이어진다. 이렇게 저렇게 수명을 다하고 나면 떠나야하는 이곳은 다시는 되돌아올 수없는 곳이다. 그렇기에 각자가 의무에 맞추어 최선을 다하는 것만이 양심에서 가책을 지우고 홀가분하게 마음 편히 살아가는 길이 되렷다.

추락하는 언어言語

본인의 장점을 자랑하지 않는 자는 남들의 단점을 들추지 않을 것이다. 한마디 말 더할 시간은 있어도 한마디 말 취소할 시간은 없다고 하였으니 사소한 말도 신중하게 해야 하며, 말은 짧을수록 이롭다고 했으렷다. 세 마디 이상의 말부터는 인격이 추락할 수 있다는 경고성 메시지를 어기고 계속될 수밖에 없는 경우의 주제라면 세심한 주의가 필요할 것이리라.

이렇게 말을 하면 이런 것 같고, 저렇게 말을 하면 그런 것 같은 마술魔術 같은 언어의 요지경에 사람들은 홀리기도 하다가 분개憤慨도 하며 서로간의 언쟁으로 시끄러워지기 시작한다.

지옥으로 갔다가 도망쳐 온 자들 없고, 극락에 갔다가 다시 온 자가 없거늘 지옥과 천당을 제집처럼 말하는 것은 공상이다. 환상 속에 빠진 자들은 자신의 신분이나 인격 같은 분수의 가늠을 조금도 못하고 있다.

상대가 본인의 마음에 들면 괜찮은 인간이고, 마음에 안 들면 못된 놈으로 취급하는 이런 인간들은 때가 되면 죽을 것이라는 것을 이론상으로는 알지만 자신만은 절대로 죽지 않을 것처럼 악착같이 망상妄想 속에서 살아들가렷다.

말로만 떠들어대서는 아무것도 배울 수가 없는 언어의 형평성 논리가 있는가 하면, 평안하고 고요하며 배부른 환경에서도 인격성장이란 어려운 과제가 따르듯이 보고 듣고 나서 관리하는 노력에 신중을 기해야 할 것이다.

아무리 본인이 옳을지라도 지나치고 강하게 말을 하게 되면 상대는 오히려 반감을 가지게 되는 것이고, 대립되는 상황에서 인정을 못하면 심기가 불편하게 되는 것이므로 양보를 하고나면 개운하게 비워져 고민할 일은 사라지리라.

러운 말 한마디에 열린다고 했으니 서로가 신중하고 세심하게 대화를 나누는 것에 인색吝嗇하지 않았으면 한다.

공짜는 없고 가짜는 있다

보약이라면 단 한 방울도 남한테 양보讓步 안 한다.
술과 담배 같은 몸에 나쁜 것들은 인심이 후한데 억지로 라도 같이 먹고 피우자고 권하는 것은 왜 그럴까? 술과 담배 같은 기호嗜好 식품들은 습관이 되면 회복이 어려우며 중병重病이 들어도 외면을 못하는 것은 완벽하게 중독으로 걸려들었기 때문이다.

악마들이 마녀사냥 하듯이 신앙을 빙자한 잘못된 종교에 나도 걸려들었으니 너도 걸려들어야 공평하다는 비틀어진 양심과도 같은 것들이다. 이득은 혼자서 또는 우리 쪽에서 챙겨야 하며, 손해는 남들도 같이 분담해야하는 심보도 같은 경우가 되는 것이다.

평소에 남들은 중독성으로 병이 들어 고통을 당해도 관심 없어 하거나 당연시하면서 정작 당사자 본인이 습관을 붙들고서 지내다가 병病에 걸려들은 후에 고통으로 쓸쓸하게 살아가게 되면 어떤 심정일까.

지키는 것은 끊임없는 노력이 필요하지만 무너지는 것은 한

순간이라 했다. 인간이 사람답게 살고자 한다면 습관부터 제대로 관리를 해야 할 것이다. 모두가 보고 듣고 많이 배워 풍부한 지식을 갖추고도 실천을 외면한다면 알맹이 없는 빈공간이라서 공짜도 없지만 진짜도 없으며, 가짜들만 우글거리는 이런 사회에서는 건강한 삶과 안전한 행복은 기대도 힘들고 보장도 어려울 것이다.

  정체불명의 쓰레기들이 아니고 하나하나 인간들이 사용하고서 버린 것들이라서 다양한 제품들을 생산하는 곳에서도 끝까지 책임지는 의무가 필요한 것이다. 판매 후에 사용과정에서 생기는 폐기물에 대한 잡음의 마무리를 제대로 할 수 있는 능력자들이어야 사회는 깨끗하고 건강하여질 것입니다.

지혜 智慧

 자비로운 자와 너그러운 자는 덕을 쌓는 자로서 현명한 인간이고 슬기로운 사람이로다.

어떤 때는 잘못도 없으면서 자존심을 덮고는 자신을 낮추거나 탓하는 슬기를 보여 위기를 모면하는 경우도 있다. 자존심을 덮으면 신뢰를 얻고 욕심을 포기하면 생활이 새로워진다고 하였는데 자존심 때문에 잃는 것들이 무엇일까?

상자 속에 감춰놓고 가끔씩 꺼내보면서 가치를 계산하는 보석도 있지만, 이런저런 생각과 마음을 들춰내서 이야기할 수 있는 친구나 동무들도 보석 같은 존재들이다.

친한 친구들은 가까이 다가온다고 하였고, 적敵은 더 가까이 다가와서 난감한 처지를 만든다고 하였다. 이런 경우를 통박을 굴린다고들 하는 것인데 이렇게 저렇게 너무 자주 굴리다가 통박이 깨지면 쪽박이 되어 난감難堪한 처지가 되는 것을 비유한 말이 되겠다.

그 정도쯤이야 다 알고 있다며, 에서 시작하는 자들은 새로운 지식이 들어갈 여지가 없는 자들이고, '나는 아직 모른다'라는 마음으로 자존심을 덮고, 다른 사람 이야기에 귀 기울여서 더 많은 지식을 쌓아가는 조심스런 태도는 현명한 처사가 되렷다.

아무리 본인의 의견이 옳을지라도 지나치고 강하게 말을 하면 상대는 오히려 반감을 가지게 될 것이다. 간단하고 명료하게 끝내면서 서로가 불만 없이 지내는 것만이 슬기롭게 살아가는 처세술이 될 것이다.

이유가 없고 계산이 없으며, 조건이 없는 사람은 어제와 오늘이 다르지 않은 양심을 갖춘 인간으로서 누구와도 신뢰를 쌓으면서 평안한 삶을 살아갈 것이로다.

습관 習慣

　　나쁜 습관이란 시간을 낭비케 하고, 건강과 재산을 잃게 하며, 고뇌와 고통이 뒤따르는 무서운 마약과 같은 질병이다. 모든 만병의 근원인 스트레스를 만들어내는 것이 습관 때문이기도 하다. 본인의 이빨로 자신의 손가락을 물어뜯어서 토막 내는 것보다 어려운 것이 잘못된 습관을 일거에 척결하는 것이라 했으렷다.

　세상을 다 차지할 것 같은 용맹과 의욕이나 결의가 넘치는 인간일지라도 보잘것없는 습관의 중독에서 벗어나지 못한다면 어떻게 풀어가야 할지 애매하고도 곤란한 이중적인 의욕의 처신에서 매우 힘들어할 것이다.

　이와 같은 물질만능 시대에 지능과 지식을 우수하게 갖추었어도 하잘것없는 잘못된 습관에서 벗어나지 못하고는 고통과 괴로움에 시달리다가 생을 마감하는 경우들이 허다하다 못해 썰물처럼 어처구니없이 사라져 가니라. 특히 젠틀맨들께서……

　술과 담배 같은 기호식품들이 스트레스를 해소解消시켜주는 애용품이라고는 하지만 위안을 받기에 앞서 재미삼아 즐기다가 고질적인 습관에서 벗어나지 못하고는 불행의 늪에서 대부분이 마무리되고 만다.

본인들의 생활을 성공적으로 이끄는 방식으로 풍부한 지식이나 피나는 노력도 중요하지만 경우와 상식에 맞는 습관들을 만들어서 선택하는 방법들도 주변이나 가까이에서 찾아보자.

재물에 대한 애착이 지나쳐서 돈에 미쳤다는 소리를 듣고, 성욕의 쾌락에 취해서 도度를 넘는 행동에 환장했다는 소문이 나돌듯이 아주 많은 숫자가 요사스런 습관의 노예를 자청해서 만들어가고들 있는 것도 사실이다.

기호식품들을 중독성으로 애용하는 자들은 어느 누구도 습관의 노예에서 벗어나기 어려우니, 스스로 신중하게 구분하여 좋은 습관을 찾고 만들어서 건강하고 즐겁게 살아가는 것이 현명한 선택의 길이 아닌가 한다.

8부 자연의 경고警告

정체성의 욕구가
과학이란?
인간들은 습관의
노예들이다
왜들 그리하나
훌륭한 도구道具
심판은 세월이 한다
현재도 주지육림酒池肉林
반성을
하늘과 땅이 다 듣고 본다
채울 수 없는 것
생물의 내구성
거짓말
영웅과 호걸로
제3의 1%가 되고 싶다
더불어 살아가는 사회

정체성의 욕구가

본인들이 선택해서 성별을 갖춘 것도 아니고, 요청해서 얻어진 것도 아니듯이 마음대로 바꿀 수없는 태어남인데 성性의 정체성을 자신의 필요에 따라서 지나치게 구분하느라 저급하고 추잡하며 상스럽고도 비천한 행동들을 강자들 또는 다수가 욕망과 사욕에 의해서 저질러놓고는 소수 또는 약자들에게 전가시키는 야비한 짓들이 비일비재하다.

도덕적 잣대는 소수들에게 들이대고, 다수는 잣대와 저울위에서 군림하는 격이 되며 사회는 수數가 좌우를 가려 지배력을 행사하므로 편견과 견해 차이에서 나타나는 파장으로 매우 혼란스러운 곳이 되었다.

소수들의 경우와 상식은 매정하게 외면당하고, 다수의 의견에 무조건 동조하면서 그대로 따라가야 하는 곳이기도 하다.

정신착란을 일으킬만한 비위생적인 장면들이 적나라하게 보여지는 영상물들을 만들어서 돈벌이에 사용하고들 있는 무리들이 성소수자들을 향해서는 재수가 어쩌고, 변태가 저쩌고, 각종의 음해성 발언을 함부로 지껄여대면서 본인들은 성욕 때문에 사람을 살상한다든지 잔인한 짓거리로 도덕과 윤리를 파괴하면서 질서까지 어지럽히는데 이네들이 만들어가는 이런 사회가 언제까지 지속이 될 것인가도 걱정이로다.

착하고 선량한 사람들은 머무를 자리조차 사라져가고, 추악하고 불결하며 사기나치는 몰염치한 인간들이 세상을 누리며 살아가는 기가 막힌 사회가 정착되어가는 것도 다수와 소수의 의견이나 물리적인 세력이 만들어내고 있는 것이다.

육욕과 정욕은 인간들만이 가지고 있는 뻔뻔하고 파렴치한 유별난 사욕이라서 관리를 제대로 못하면 참담하고 불행한 현실로 처지를 바꿔놓는다.

본인의 허물이나 결점을 제대로 알면 남들의 험담을 함부로 말하지 못할 것이다.

과학이란?

과학이란 진실인지 거짓인지 구분하기 어려울 정도로 허구 같이 들리는 것 자체가 의심스러우니라. 인간들의 상상이나 망상은 분수를 가늠하기 어려울 정도로 의구심과 궁금증을 유발하는 과학이라는 의제議題를 주제로 하여 벗어날 길이 없는 구멍으로 무한정 질주하는 것 같다.

빛의 속도는 일초에 삼십만 킬로미터쯤 공간을 이동하기에 지구에서 달까지 단 일초면 도달한다고 했으렷다.

빛이 은하계 하나를 통과하는 시간은 까마득하게 대략 삼십만 년이나 걸린다고 한다. 하나의 은하계 안에 행성들이 2조개 이상이 있다 하며, 우주 안에는 은하계가 20조~22조개가 있다고 한다. 인간들의 지혜와 생각으로는 상상이나 예측이 어려운 망상 같은 이야기가 되는 것이다.

그렇게나 큰 은하계가 두세 개쯤은 한 번에 볼 수도 있고, 일백오십 억년 되었다는 우주의 역사도 생각 하나로 구분하면서 헤아려 보는데, 그러한 지능을 가진 인간들의 허황된 욕심과 언행은 얼마만큼이나 견뎌내고 지탱이 될 것인가도 의심스럽다.

 일백년도 버티기 어려운 생명의 당사자들, 천년만년을 살아갈 것처럼 바쁘면서 분주하게 설왕설래하는 생명들이시여, 가까이 있는 과학은 우리가 필요로 하겠지만 까마득히 밀리 있는 과학까지 왜들 왈가왈부 논쟁들을 벌여서 가소로움을 과시하려 하시나.

인간들은 습관의
노예들이다

관습이라는 올가미를 본인들이 만들어가면서 하찮은 기호식품의 습관에서 벗어나지를 못하고, 증오심과 복수심 같은 예속에서 빠져나오지 못하는 것이 인간이로다. 마약을 복용하고 나서 신비로운 환상 속으로 빠져드는 것은 환각이라는 독성의 마법에 걸려들었기 때문이다.

인간이라면 누구라도 안정된 생활에 평안하고 행복하게 살아가고 싶은 것이며, 그중에서 첫째는 건강이 있어야 나머지들이 가능한 것들이기에 건강을 유지하기 위해서는 풍부한 지식이나 피나는 노력보다는 하찮은 습관을 관리하는 것이라고 하였기에 한시라도 빨리 바로잡아야 할 것이다.

초창기의 습관들은 머리카락 같이 가느다래서 느낄 수가 없지만 깨달았을 때는 이미 끊을 수 없는 동아줄로 변해있는 것으로서 여러 가지 불필요한 관습들이 되겠다.

건강을 지키기 위해서 별 아별 것들을 다 구해다가 먹으면서도 건강에 해롭다는 기호식품들의 습관에서는 벗어나질 못하고 있다. 자신이 건강해야 가정의 안녕과 가족들의 행복도 지켜질 수 있는 것이기에 건강을 위해서는 단호한 결심과 결의가 필요한 것이리라.

술과 담배 같은 사치성 기호식품들을 즐기는 자들은 부적절한 버릇으로 인해서 불행을 재촉하는 것이 분명하고, 지속해서 시도試圖하는 습관성의 인간들은 각종의 질병으로 안타깝게 마무리를 하는 것도 사실이다.

생명을 가진 것들의 수명은 대략 정해져 있기에 인간들도 모두가 살아있는 날까지 무사하려면 첫째로 건강해야 하는 것이다. 보잘것없는 습관 때문에 모든 것을 망칠필요는 없는 것이다.

경우와 상식, 도리라는 이치를 어느 누가 모르겠는가. 모두 다 알면서도 설마 한번쯤은 하찮은 습관의 장애로 지켜지지 않는 것이 문제이다.

왜들 그리하나

　　인간들이 무엇 때문에 왜 살아야 하는지는 확실한 답은 알쏭달쏭하지만 어떻게 살아야 하는 것인가는 정확하게 알고들 있을 것이다. 이렇게 저렇게 별아 별 일들을 겪으면서도 어울려 살아갈 수밖에 없는 사회생활 속에서 다수의 지능적인 야심가들 중에 더러는 자신들이 하고 싶은 짓이나 좋은 것들은 다 하고 차지하려하면서, 소수들이 하고 싶어 하는 것들은 각종의 핑계와 변명을 늘어놓으면서 못하게 하는 기발한 지능知能의 소유자들로 정착해 되어가는 것 같다.

　보고 듣고 배워서 훌륭한 지식과 많은 재물을 소유했어도 돈이라는 괴물 앞에서는 또 다른 처신들을 하게 되고, 성욕이라는 질병이 도지게 되면 인간인지 짐승인지 구분이 어려운 지경에 이르니, 사회와 세상이 매우 혼란하게 되면서 가지가지 사건 사고라는 무섭고도 두려우며 조마조마한 일들이 계속해서 벌어지고 있는 것이다.

　삶 자체에 애환과 고통들이 고질병처럼 붙어 다니는 것이라서 해소시켜 주는 것으로는 오락과 향락, 쾌락 같은 것들이 있을 것이나 뒤따르는 부담이 고민과 근심으로 이어지는 것들이기에 항상 걱정들이 사라지질 않는 것이리라.

　우리 모두는 과거의 장점과 단점들을 거울 또는 디딤돌삼아서 미래의 것들을 예견하고 현실의 것들을 개선하면서 살아가는 지혜와 지능을 갖춘 유일한 생명체이다. 그러므로 오만하거나 교만하게 행동하지 말고 지혜롭게 살아가라고 조물주는 근심과 걱정도 만들어 놓았을 것이니, 항상 신중하고 세심하게 처신하는 것만이 안정과 평안을 유지하는 확실한 길이 될 것이로다.

훌륭한 도구道具

　　목적을 달성한다든지 업적을 성공시키는 과정에는 되풀이되는 실패를 포기하지 않은 노력이라는 근로가 있었던 것이리라. 보통사람들 대부분 실패하면 좌절과 동시에 포기하는 쪽을 선택하는데 실패를 지침서로 딛고서 버텨내는 자들 더러는 성과의 길을 찾아서 성공의 목적지에 도착할 것이다.

　좌절이란 실패를 하거나 낭패를 당했을 때에 의지가 꺾이거나 접혔을 때의 형태를 서술함이고, 실패 또한 성공의 반대말로 난감한 처지를 단면적으로 표현한 언어가 되렷다.

　욕심을 관리하지 못하고 힘에 겨운 과제를 선택했다가 낭패를 당하고 나면 가까운 협력자들이나 주변 사람들에게서 쏟아지는 원망과 비난을 감수하면서 본인의 처신을 관리하기가 매우 고통스러울 것이다.

　성공의 비결도 여러 가지가 있겠으나 불평불만을 지우고 오만이나 교만을 없애며, 과거의 경험들을 잊지 않은 사람의 결과이리라.

이렇게 저렇게 굴러서 엉키는 실타래의 실을 한 올씩 정성껏 풀어 감아서 사용하는 실패처럼 처지가 곤란하거나 곤궁해졌을 때의 시련을 하나씩 이겨내고, 다시 일어서는 구심점 역할을 하는 의지력은 원천源泉의 힘을 가진 훌륭한 재료材料로서 희망의 기적을 만들어가는 도구가 될 것이다.

　성공하는 지름길 중에 하나는 본인의 노력과 근면의 결과이고, 다른 하나는 남들의 어리석고 게으름에서 부수로 생긴다고 했다. 소유라는 과제로 지나치게 욕심을 내다가는 오히려 역효과로 낭패의 결과를 보게 될 것이다.

　인간이란 새로운 의욕과 끈기 있는 의지력을 갖춘 동물이기에 다시 또 새 출발을 시도해 나아가면 된다.

심판은 세월이 한다

　　인간들의 욕망은 멈출 줄도 모르지만 완벽하게 채울 수 있는 그 무엇도 이 세상에는 없다. 옛날에는 윤리를 모시고 생활을 했으므로 자갈길을 굴러가는 나무바퀴로도 견뎌갈 수 있었으나, 이 시대는 재물을 위주로 살아가는 형편이라서 본인만 모르는 유리판자 위를 쇠바퀴달린 마차를 몰고서 이리저리 고개를 돌려가며 거들먹거리면서 나대는 꼴이다.

　잡을 수 없는 것들을 쫓아서 여기로 저기로 헛되이 다니다가 몸과 마음을 모두 소비하고는 정해진 수명에서 자유로울 수 없는 신세로 쫓기고 밀리다가 모서리까지 몰린 운명들뿐이다.

　충신과 간신들도 따로 없다. 각자가 섬기는 주인한테는 충신이 되는 것이고, 편이 갈린 반대쪽에서는 간신으로 보일 것이다. 추종하는 부하들이 많을수록 상대해야 할 적들도 많아지는 것 또한 당연한 이치이리라.

　흉악하고 끔찍한 사건 사고들이 가난 때문에 생기는 것일까. 뻔뻔하고도 몰염치한 인간들의 욕망 때문에 생기는 것인가. 지금의 시대에도 색깔이 다른 각양각색의 난제들이 나타나서 두렵고도 불안하며 곤혹스럽게 만들어가고 있는 중이다.

인간들이 습관이라는 울타리 안에서 빠져나오지 못하는 것처럼 감정이라는 폭력의 틀 속에 갇히게 되면 법法으로부터도 보호받기가 어려운 형편이 된다.

재물과 권력 앞에 많은 무리들 눈치 보면서 머리까지 조아려 보련만 자신들이 바라고 기대하는 마음을 채우기에는 부족한 현실에 또 다른 선택의 과제들을 찾아야하는 상태이다.

모두가 소유라는 과제로 한평생을 고민하다가 세월이라는 시간의 무게를 실감하면서, 하루살이와 다를 바 없이 인생의 무대도 막을 내리고야 만다.

현재도 주지육림 酒池肉林

　　세월이란 오로지 자신들만을 위해 흘러가는 것으로 착각이나 망상에 젖어 살아가는 오만한 무리들이 많기도 하더이다.

　누구라도 인간의 근본가치는 인격에 있는 것이지 물질에 있는 것은 아니니라. 대자연이 잘못 빚어낸 일부의 추악한 생명체들이 연회장에서 벌이고 있는 기고만장하는 장면들은 그 시절이나 지금 시대나 변한 것이 없으렷다.

　술과 고기가 곳간을 채우고 철학과 진리가 태산을 능가하련만, 두고 간 황제들도 남기고간 성인들도 어이다시 되돌아오시지를 못하시는가. 한 시절 주지육림이라는 담장 안에서는 고기 썩는 냄새까지 진동을 하는데 담장 밖에는 굶어 죽은 해골骸骨들이 널려 있었단다. 옛날이나 지금이나 인간들의 행태行態가 변하지 못하고서 난잡한 탐욕의 짓거리들까지 그대로다.

　불평불만과 한이 맺힌 원망의 소리들이 세상에 가득 차도, 값진 보석이나 비단옷으로 치장하고서 호의호식 향연장으로 경연장으로 몰려들어 해괴망측한 주지육림으로 시도 때도 없이 허우적이는 것도 그대로다.

밑천도 자본도 바닥이 나면 담장 밖으로 밀려나서 들어갈 때 보았던 신세들로 뒤를 이으련만 즐거움과 쾌락을 관리하지 못하는 인간들은 계속해서 줄을 잇는다.

재물이 많은 인간들에게는 시간이 없고, 시간이 많은 인간들에게는 재물이 없고, 재물과 시간이 많은 인간들에게는 건강이 없다고 했던가.

그토록 오래도록 인간들의 찬양과 애원의 외침을 보고 들으셨던 신神들 게서는 왜 아무런 답이 없으신가요.

짐승들의 시간과 인간들의 생각이 달라도 많이 달라서 변명도 면제부도 비열한 인간만의 과제로 남겨놓으시려는 것인가.

반성을

가혹苛酷하고도 무자비한 현실은 인간들 자신이 만들어가는 제한되고, 조마조마하며, 염려스러운 곳이 되겠다. 무너지고 부서지고 깨어지면서 사건 사고가 계속해서 벌어져야 쾌재를 부르는 곳이 존재存在한다면, 어떤 무리들이 이익을 위해 무엇인가를 챙기려고 사람을 상대로 양심을 외면하고서 하는 짓거리들이다.

멀리 있는 것들을 가까이 있다고 속이기도하고, 가까이 있는 것들을 멀리 보내기도 하는 것이 사악한 자들의 간교한 술책이다. 냄새를 맡았다하면 어느 곳을 건드려야 쏟아져 나오는 것까지 기가 막히게 찾아내는 그들만의 술수이니라.

뒤를 잘 봐주겠다며, 달콤한 소리로 접근하는 쪽에는 부랑배나 사기꾼들의 술책인 것들이 다반사이고, 부족하고, 모자라서 생활고에 시달리는 더러의 인간이 잘들 알면서도 급박하거나 아쉬워서 고리대금업자나 사채업자들한테 시도試圖했다가 그들한테 낭패를 당하는 경우들이 허다한 과제들이다.

벤치마케팅이라는 기발한 수완가들이 보다 많은 투자자와

소비자들을 서둘러 움직이게 하는 것도 현대판 상술이란다.

착하고 선량한 사람들은 설자리조차 없어져 버렸고, 추악한 데다 불결하며 사기나 치는 뻔뻔한 인간들이 누리면서 살아가는 어처구니없는 세상으로 변해버렸으렷다.

자신이 듣고 싶은 말만 기억하고, 본인이 하고자 하는 말만 하고는 들었던 말들을 문제 삼는 비열한 자들이 판을 치는 이런 시대는 몰렴치한 인간무리들이 만들어가고 있으리로다. 이해관계가 없는 다른 사람을 비방하고 저주하며 음해하는 행위는 그 죄의 무게를 저울로도 달을 수 없다고 했으렷다.

우리들이 살아가는 이 시대에 이렇게 불미스럽고 어처구니없으며 통탄할 일들이 계속해서 벌어지고 있는 이유를 모르는 자가 없을 것 같은데 왜 바로잡아 지지가 않는 것인가.

하늘과 땅이 다 듣고 본다

수억 년을 이어오는 다양한 종種의 생명체들이 존재하는 곳에 일만 년도 제대로 증명이 안 되는 인간들이 모든 것들을 좌지우지하는 아이러니한 세상이다.

생명을 하늘이 주었다면 삶은 인간들 자신들이 개척하여 나아가야 할 책무가 되는 것이고, 하늘아래서 저절로 찾아오는 자비慈悲란 없는 것이라 단 하루도 시끄럽거나 불평불만이 없는 날이 없으므로 현명한 판단으로 슬기롭게 헤쳐 나가는 것뿐이다.

짐승들은 배가 고플 때 순서가 바뀌지만 인간들은 배가 불러도 차례를 외면하고 절차를 무시하면서 또 다른 문젯거리를 만들어 가고 있다.

세월이 규칙과 질서까지 만들어주었지만 주어진 시간을 제대로 활용도 못해보고, 양심 없는 쾌락이나 인격 없는 지식으로 과욕을 부리다 자멸의 길을 재촉하고 있는 중이로다.

인간들의 역사와 문명이 시작된 이래 총이나 칼, 활에 맞아 죽은 숫자보다 혓바닥에 맞아죽은 숫자가 훨씬 더 많다는 것을 인간들은 인정하면서도 책임질 수없는 말들을 무자비하게 쏟아내다가 폭력에서 전쟁까지 만들어내고야 만다. 하늘과 땅이 모두 보고 듣고 있고, 주어진 시간들을 어떻게 지배하고 통제하며 정리하는 것까지 알면서 자신들의 처신은 관리하지를 않는 특이한 종種이 되겠다.

추저분한 짓거리부터 극악무도한 만행蠻行까지 천년만년 살 것처럼 욕심을 부리다가 양심의 가책이나, 반성을 모르는 이들 종족들은 일부 생명체의 천만분의 일도 못 채우고, 가차 없이 밀려날 수밖에 없는 길을 선택하고 있는 것이리라.

채울 수 없는 것

현명한 사람은 눈에 보이는 것만으로 판단하지 않고, 슬기로운 사람은 경험을 토대로 구분한다고 했으렷다.

많은 사람들이 하고 싶어 하는 것들이 많겠지만 할 수 없는 것들보다는 하지 못하는 것들이 더 많은 것이다. 좋은 것과 싫은 것을 저울질하는 인간들의 양심 속에는 선과 악이 공생共生하는 것이고, 득得과 실失에 따라 이리로 저리로 마음을 채울 수 있는 것들을 찾아서 헤매야하는 인간들의 삶 또한 고달픈 길이 되고 있다.

무조건 이겨야 주인공이 되고, 또는 주도권을 쥐고 있는 자들이 하고 싶은 대로 펼쳐가는 세상 반대편의 재앙은 어쩔 수 없는 형편으로 남아야하는 상황들이 인간들 사회가 되는 것이다.

추구란 인간들에게 주어진 자유본능의 일부라고는 하는데 상대방의 재산과 위치를 계산하며 통박들을 굴리다가 계산에 착오가 생기면 불평등으로 돌아서 버린다. 이득利得의 부피에 따라서 상대방의 노예가 되기도 하고, 부분적인 종노릇을 할 수도 있다는 것을 계산은 해야 하리라.

불구경 좋아하고 싸움구경 즐겨하는 부분적인 한계에서 멈춰버린 수준 낮은 양심들이라면 속고 속이기를 반복적으로 되풀이 하게 되고, 약속은 물론 기다림도 인내심도 오래가지를 못하는 형편의 존재들이다.

지키는 것은 끊임없는 노력으로 가능하지만 무너지는 것은 한순간으로 신뢰를 잃게 되고, 관계가 단절되고 나면 쓸쓸한 외로움 속으로 깊숙이 빠져들면서 남은 것은 채울 수 없는 고민뿐이리라.

잘못을 감추고 거짓을 말하는 자들은 삶을 무겁게 살아갈 것이고, 사실을 드러내고 솔직하게 말하는 사람들은 가볍고 유쾌하게 살아가는 것만은 분명한 사실이다.

생물의 내구성

오만하고도 교만한 언행들은 치료제가 없는 무지無知한 처신으로서 사회를 매우 힘들게 만들어간다. 남의 인간성을 아는 것보다 자신의 품성을 아는 것이 더 어렵다고 했듯이 보이고 들리는 상대방의 언행들이 자신에게는 거울이면서 교훈이 되어지리라.

바닷물이 모두 다 말라 없어질지라도 본인의 마음만은 변함이 없다고들 하고, 비밀이나 약속들은 무덤까지 가져간다고들 비유를 거창하고도 속되게 하지만 접시물이 마르기도 전에 발설하고 돌변하는 마음과 양심들은 다반사 이다.

여름날 갑자기 쏟아지는 소낙비는 믿을 지언즉 인간은 믿지 말라는 선조들의 말씀들을 새겨 적당히 간격을 유지하면 난처한 과제들이 비켜간다는 의미意味 같으며, 지능을 가진 인간들은 감정의 기복起伏이 복잡하여 양심만으로 관계를 살펴가기가 어렵다는 뜻이렷다.

지켜가기도 어렵겠지만 무너지는 것들도 많아서 득과 실에 따라서 달라지는 것들이라 '절대로'라는 명제나 논리로는 조금은 부족한 의지에서 나오는 언행이라고 보아야 할 것이다.

신뢰나 믿음은 쌓을수록 양식이 되겠으나, 좋아한다거나 사랑한다는 애정 표현은 순간적인 충동만으로도 가능한 것들이면서 종류나 기질氣質 또한 다양한 생물과 같아서 쌓을수록 부패腐敗가 되고, 변질이 되므로 근심 걱정 고민으로 남아 고통까지 불러들이고는 병으로 이어진다고 했으니 신중하고도 세심하게 분석해야할 과제가 되렷다.

인간은 남들의 언행을 보고, 들으면서 자신의 처신을 바로잡아가는 지혜로움을 갖추었기에 노력과 관리를 잘해서 풍요로우면서 더 나은 삶을 살아가도록 하렷다.

거짓말

입에서 쏟아져 나온 말들은 다시 주워 넣을 수도 없고, 지울 수도 없는 것들이니 신중하고도 세심해야 하며, 남의 험담이나 단점들을 들추지 말아야 할 것이다. 대화 중에 칭찬과 찬사는 슬기로운 예술이다. 언어의 품격에 따라 그 자의 인격을 알 수 있다고 했듯이 어떤 사람의 과거는 그자의 입에서 나오는 소리가 알고자 하는 해답이 될 것이다. 명예를 가진 자들은 자신을 낮출수록 높은 자리에 오르고 재물을 가진 자들은 겸손과 미덕을 갖출수록 더 많은 재산과 함께 오래 유지할 수 있다고 하였다.

사기詐欺를 친 재물로 명예를 바꾸고, 날조된 가문으로 신원의 뒷배를 만들어, 갈취와 착취 같은 처세술의 실력자들이 주름잡는 시대이다. 경계선이 무너진 다양한 부패와 비리들이 판을 치면서 인간이기를 포기한 골칫거리들이 우후죽순처럼 번져나가는 기막힌 사회가 되어 가고 있으렷다.

많은 숫자가 불합리에 참여하면 개인이나 가정은 모름지기 윤택할지 모르나 조직이나 국가는 좀먹어 고통스러워 하다가

머지않은 시간에 기울어지고야 말 것이다.

흉측하고도 망측한 사건事件 사고나 해괴하고도 추잡한 짓거리들이 시도 때도 없이 연이어 벌어지고 있는 이시대의 잘못은 야욕이나 과욕이 발단發端이렷다.

자기주장만을 내세워 우겨대고는 이기려고만 하면 적수만 늘어날 뿐이라서 사람이 흥興하고, 망하는 것은 입口 때문이라고도 했으며, 힘들고 어려운 삶에서 벗어나 건전한 생활을 이어가고 싶다면, 거짓말을 멀리하고 솔직함을 가까이 하라고 했느니라.

잘못을 숨기고 거짓만을 말하게 되면, 삶은 무겁고 두려움은 떠나지 않을 것이지만, 사실을 말하고 회계하며 반성反省한다면 삶이 윤택해지면서 안정된 생활을 하게 될 것이다.

영웅과 호걸로

본인들이 가지고 있는 다양한 것들의 가치와 양量을 구분하지 않고 나눌 줄 아는 사람은 훌륭한 호걸이라고 찬사를 받을 만한 양심이 아름다운 사람이다.

지극히 정상이면 버티기가 어렵다고 했고, 적당이가 좋다고는 하지만 적당이의 중심은 욕심 때문에 제구실을 하기가 매우 어려울 것이로다. 이기적인 처신은 소통의 통로가 막힐 것이고, 차이와 차별의 대화는 시끄럽게 다투지 말고 그대로 두면 저절로 멈추게 되리라.

누구라도 자존심을 건드려서 불편하지 않을 사람은 없을 것이고, 잠시 감정을 달랠 수 있을지는 몰라도 원한까지 잠재우지는 못한다고 했느니라. 분노에 눈을 감으면 저절로 너그러워질 것이라 했고, 내 것을 조건 없이 내어주면 더 많은 필요한 것들을 얻어질 것이라 했으며, 배가 고플 때와 부를 때의 처신이 변하지 않는 자는 신선神仙에 가까운 사람이라고 했으렷다.

고귀高貴한 신분과 비천卑賤한 생명은 어떻게 가려지는 것인지는 몰라도 한세상을 살아가노라면 이런저런 말을 앞세운 영웅호걸은 많아도 진정한 배려와 의리를 지켜가는 참사람은 찾아보기가 어렵듯이 얼굴을 아는 사람이야 무수히 많아도 마음까지 알 수 있는 사람은 몇이나 될지 장담을 할 수는 없는 것이다.

누군가를 미워했던 만큼 자신도 미움의 대상이 될 것이고, 누군가를 미워했던 만큼 자신도 괴롭힘을 당할 것이며, 무엇인가를 뺏어왔던 만큼 손해 보는 것이 인간사회에서 벌어지고 있는 원칙이고 도의이며 순리가 아닌가 한다.

작은 약속이라도 지킬 줄 아는 자는 의로운 영웅英雄이 되는 것이고, 보잘것없는 매우 작은 것일지라도 나누고자 하는 자는 자비로운 호걸豪傑이라 하였느니라.

그대는 진정 영웅호걸로 거듭나시기를 바랍니다.

제3의 1%가 되고 싶다

 늦게 자는 자들은 일찍 자는 자들의 머슴이 되고, 게으른 자들은 부지런한 자들의 지배를 받으리라 했것다.

사람들 살아가는 세상世上 그렇게 저렇게 거기서 거기라고들 말들을 하지만 불평불만에다가 근심걱정 없는 곳이 어디에 있겠는가. 음지와 양지가 뒤바뀌고 나면 참담한 재난은 필연코 찾아오는 계절풍 같은 것이다.

내가 웃으니까 따라서 웃더라만 앞으로 1%는 하늘의 별따기보다도 어려운 것처럼 호화스런 생활을 누리는 곳이 되겠고, 뒤로 1%는 딴 짓거리 한번으로 저절로 굴러가는 것처럼 오만 궁상이 다 모이는 쓰레기 경연장으로 밀려가는 무리들이 되겠다.

앞으로 1%로 남고들 싶고, 뒤로 1%로 밀려가기 싫어서, 앞으로 갔다가 옆으로 갔다가, 엎어지다가는 뒤집어졌다가, 이리로 저리로 언제나 분주한 98%는 겨우겨우 굴러서 가는 세상이다.

비통한 현실 앞에서 이렇게 저렇게 버텨들 보련만 앞으로

1%는 스트레스 때문에 버티기 어려운 곳이고, 뒤로 1%는 가진 것이 없어서 비참한 곳이라 하겠다. 양반과 천민도 누가 무엇이 고의로 만든 것이 아니고, 언행이나 처신의 노력에 따라 저절로 가려진 것이며, 또는 부와 빈이라는 형편을 따라서 밀리면서 그리되었으렷다.

성인들과 군자들은 부러울 만큼 평안하여 보이는데 이런 분들은 이런 곳에 몸담고 싶은 생각 추호도 없으리로다.

1% 안에 들고 싶다면 자중자애를 최우선으로 하고, 노여움 분노 교만 울분들을 참아내는 노력이 필요하며, 백해무익한 것들의 관념에서 벗어나야 할 것이면서 사람답게 살아가고자 신중하고도 세심하게 노력하는 자들만이 1%의 울타리 안으로 들어갈 자격을 갖추게 될 것이다.

더불어 살아가는 사회

빛이 있어서 그늘이 생기는 것은 불멸의 이치理致, 빛에서 누리는 자들은 그늘에서 힘들어하는 자들을 외면해서는 아니되는 이유가 빛과 그늘은 되풀이되는 기본적인 원리라는 것을 명심해야 하기 때문이다.

인간들이란 지능과 생각하는 행동으로 살아가는 선택받은 동물이라 하지만 감정의 기복起伏이 심해서 각양각색의 다양한 삶으로 번져나가면서 희로애락喜怒哀樂이라는 체험을 하게 되는 것이리라.

충분히 갖춘 자들도 하고 싶은 짓을 다 하지 못하는 세상인데, 하물며 갖추지 못한 자들이 욕심을 내어 어쩌겠는가.

설령 하고자 하는 일들이 난감하게 되었을 때, 하고자 하는 것들이 실패한 것뿐이지 인생을 망친 것은 아니니까 너무 낙심하는 심정을 오래 붙들고 있을 필요 없다. 새롭게 다시 생각하면서 살아가는 것이다.

그냥 저냥 분수 것 살아가기도 힘들고, 얄궂은 세상이라서 우리가 양심과 지식을 가진 인격체라면 생각부터 바꿔가며 슬기롭게 평안을 찾아서 만들어 가도록 하자.

가장 흐뭇하고 보기 좋은 모습은 자식들이 사이좋게 즐기는 것이고, 가장 듣기 좋은 소리는 자식들이 좋아서 떠들어대는 소리라 했으니, 본인의 자식들을 고귀하게 만들고 싶으면 타인들의 자식들도 어여삐 하면서 관심과 배려하는 마음으로 양보하면서 더불어 살아가는 길을 찾는 것이다.

부모에 부모, 그 부모에 부모가 고통을 받고, 살았었다면 어쩔 수없는 안타까움이라고, 하겠지만 자식에 자식들까지 똑같은 고통을 받아서는 아니 된다는 일념으로 우리는 모든 것을 감수하면서 열심히 노력하는 것으로 직분을 다하는 것뿐이다.

더불어 살아가는 사회에서 신용은 재산이고, 신뢰는 믿음이며, 친절은 받는 것이 아니고 주는 것이므로 대접받고 싶으면 본인이 먼저 상대방을 대접하라 했으렷다.

9부 자연의 경고警告

관심과 배려配慮
집착의 교도소
주렁주렁
아름다움이란
마지막 계단階段
그렇게 한 시절을
서럽게 늙지 않으려면
그대로 따라서
우리의 부모님
그만 멈추거라
사람人間이라서
서로가
우리, 그리고 모두가

관심과 배려 配慮

 아비의 호된 꾸지람과 어미의 따가운 잔소리가 또 하나의 인간을 다듬어 가고 있으리로다.

인간들 사회社會는 가족끼리 형제끼리 아옹다옹 토닥토닥 다투기도 하고 토론도하면서 지내야 하고, 어떤 때는 이웃들과 시비是非를 하기도 하며, 때로는 자주 어울리는 사람들하고도 불편한 논쟁을 하면서 살아가는 것이 보편적인 삶의 과정이라고 보여 진다.

자신의 생각대로 지껄이는 말들이라 변명도 가지가지 핑계도 가지가지 희로애락 생로병사라는 울타리 안에서 인간들은 양심과 신용으로 아름다운 정들을 나누기도 하지만 때로는 별아 별 거짓말로 사람들을 속이고 자신도 속으면서 살아들 가니라. 그래서 인간들은 쉽게 상대방을 믿으려 아니하고, 서로가 마음의 문턱에서 통박을 굴리기도 한다.

돈으로도 열 수 없고 힘으로도 열 수없는 문門은 양심으로 무장된 마음의 문이라고 하였다. 그러나 부드러운 말 한마디에 살며시 열 수 있는 것도 마음의 문이 될 것이다.

이유를 대지 않고 계산을 하지 않으며 조건이 없는 사람이라면, 어제와 오늘이 다르지 않은 믿음이 가는 사람으로 충분할 것이니 마음 편하게 교류交流를 해도 무방하리라.

아름다운 모습은 눈에 남고, 부드러운 말은 귀에 남으며, 따뜻한 배려는 마음에 남는다고 하였으니, 겸손과 예의에서 벗어나지 않는 언행으로 서로서로 양보하고 배려하면서 관심을 가지고 존중하는 마음으로 살아들 가는 것만이 사람이 살아가는 최상의 길이되리라.

집착의 교도소

마음과 생각 그리고 의지意志까지 가두는 감옥은 습관이라는 집착의 교도소가 되겠다. 바보는 같은 실수를 되풀이하고, 현명한자는 새로운 도전에 실수를 한다.

인생은 마음먹기에 달렸다고도 하고, 또는 생각에 따라서 달라진다고도 하는데 실제로는 의지에 의해서 결정을 하며, 과제에서 생기는 난관들도 극복은 가능한 것들이다.

내기도박을 좋아하는 자들은 정확한 근거를 알 수 없는 오다가다 들리는 뜬소문만으로도 무언가를 걸어놓고서 내기들을 하는데, 이런 자들은 감정의 기복이 심해서 성미가 사나우며 고약한 기질들을 앞세운다고 하였느니라.

기호記號로 만들어진 도구들을 주로 활용하여 내기도박들을 하는데 증상에서 벗어나기 어렵게 된 중독자들은 지폐에서 재산으로 그리고는 신체의 장기臟器로 목숨까지 걸기도 한다는데 아무리 좋아도 목숨보다 귀한 것은 없거늘 생각과 행동이 이정도면 인간으로서의 삶은 불가능한 족속들이다.

행복과 불행은 주로 자신을 비교해 처신에서 만들어지는 것들이고, 많이 가진 자들과 널리 알려진 자들을 논하며, 평론하는 습관성에서 오는 불필요한 스트레스들도 다수에 속한다.

  흔하게 많은 각양각색의 버릇 중에서 습관이란 고질병은 치료가 안 되고, 결말에는 이러저런 불행이나 재앙까지 몰고서 온다고 하였으니, 의지意志로서 본인만이 치료가 가능한 것들이라 과감하게 조치와 관리를 해서 한번뿐인 인생을 건강하게 유지하는 것은 자신의 몫이 되는 것이다.

  서운하고 불쾌하며 안타까운 것들을 기억하면서 생각의 걸림돌을 되풀이하는 것도 인습因習에 사로잡혀가는 습관성習慣性 버릇이 될 것이니, 더러는 불행했던 장면들을 또는 자신보다 못한 사람들을 기억하면서 도와주지 못하는 처지를 생각해보는 것도 조금은 위안이 되리라.

주렁주렁

거기서 거기, 길다면 길고 짧다면 짧은 것이 인생살이라고들 말들을 한다. 화려한 비단길을 걸어온 자들도 험난한 가시덤불을 헤쳐 온자들도 또는 변칙과 편법으로 모함과 배신을 일삼던 자들까지 마지막 가는 길은 한곳이로다.

잘나가던 권력자나 대기업 총수들이 한때는 천하天下를 호령할 정도로 부귀영화를 누렸지만, 시간과 세월이라는 조용한 그림자를 이겨내질 못하고 종국에는 기억 속에서 이름조차 없었던 것처럼 거두고서 사라져 없음이로다.

많은 것들을 갖춘 자들과 여러 개의 감투를 쓴 자들이 편안하게 잠을 잘 수는 없다고 했는데 인간들은 왜 욕심과 욕망을 외면하지 못하고서 편안하지 못한 신세身世를 만들고자 안달들을 하는지 알 수가 없다.

움켜쥐고 있다고 해서 내 것이 되는 것이 아니고, 놓았어도 떠나지 않는 것들이 내 것이 될 것이라 했건만 이유는 본인이 고마운 사람들의 은혜를 잊고 살았기에 자신도 그 사람들에게서 잊혀진 것뿐이다.

타고난 팔자나 운명을 바꿀 수 있는 것은 노력이라고 했으나, 아무리 노력을 해도 안 되고 잘못되는 것들을 남의 탓으로 돌리는 자들은 무지하고도 어리석은 것인지 우매愚昧하고도 운이 없는 것인지는 본인들의 몫이니라.

실패만 거듭되는 삶으로 인해 추락하는 좌절감으로 버텨가는 인간들은 사회구조를 탓하며 원망하지만, 절대로 바뀌거나 개선되지 않으니 본인本人들이 스스로 찾아서 슬기롭게 살아가는 수밖에 도리가 없으렸다.

나비나 잠자리가 번데기를 벗어나 홀가분하게 훨훨 날아오르듯이 인간들도 주렁주렁 욕심에 매달려 있는 근심 걱정 과감하게 내버리고 신선들과 어울리도록 해봅시다.

아름다움이란

눈으로 보이는 아름다움이란 대부분 꽃들이 되겠지만 마음과 감정으로 알 수 있는 것은 양보하고, 배려하면 크게는 희생까지 감수하는 의로운 행동이 될 것이다.

짐승들은 먹기 위해서 움직이고 인간들은 사랑하기 위해서 움직인다고 하였는데, 가려서 봉사奉仕하는 것은 부족한 배려이고, 계산하면서 주고받는 것은 도움이 아니며, 서비스나 공헌貢獻 같은 사랑은 주는 것이지 받는 것이 아니다.

인간들의 아름다움이란 외모가 아니고, 내면의 마음이라서 생각에 따라 움직이는 처신이 될 것이고, 그중에는 남에게 양보하거나 배려하는 선행들이 아름다움으로 자리매김을 할 것이다.

아름다움을 사랑 속에서 찾고자 하지만 사랑이란 새로운 것을 찾아다니는 유통기한을 배제排除한 투기라서 열정과 충동만으로도 가능하기에, 관리가 부족한 무분별한 사랑타령이라는 것들은 찢어지고 갈라지면서 돌아서면 불편한 남이 되고 만다.

사랑이라는 울타리 안에서 욕심하고 양심良心이 따로따로 작용하기에 한편에서는 이상적인 품격의 아름다운 작품들을 만들어가기도 하지만, 다른 쪽에서는 헛된 망상妄想의 착각으로 생각조차도 끔직스럽고 악랄惡辣한 모습들을 저질러놓기도 하는 것이다.

  또한 사랑은 스치고 지나갈 상처라서 곧 아물기도 하지만 고요한 성정에서 나오는 정이란 빼낼 수 없는 옹擁이라서 감정으로 어긋난 경우라면 계속 응어리로 남는다고도 했으니 단테라는 분이 베아트리체와의 위대하고도 지고지순한 사랑이야기를 기억하면서 사랑으로 인해서 남겨진 후유증들 모두를 정情이라는 보살핌의 손길로 어루만지면서 살아들 가시기를 바랍니다.

마지막 계단 階段

 욕심껏 모아서 쌓아놓기만 하고 쓰지를 못한다든지 사용할 수가 없다면 그 또한 고통이고 근심이리라.

고질적이면서 맹목적인 습관과 관리를 안 하는 욕망들이 만들어서 버려지고 쌓여지는 엄청난 쓰레기들 때문에 과도해져 가는 기후변화로 재난은 시작이 되었다. 그에 대한 반응으로 지구는 머지않아 대재앙으로 쑥대밭이 될 것 같은 조짐이고, 과학적인 근거로는 과도하게 불어나는 숫자의 인간들이 무분별하게 활용하는 생활습관에서 쏟아져 나오는 폐기물들이 우선적인 역할을 하고 있는 것으로 보인다.

현재도 인간들의 숫자가 많아서 이러한 현상으로 가고 있는데, 더 낳으라고 종용慫慂하며 부추기는 정책들이 무상無狀하게 머지않은 시기에 몇 배로 불어날 것 같은 숫자가 통계상으로 계산이 되는데도 그러하다.

욕망 사랑 탐욕 배신 배반 좌절 같은 소용돌이치는 것들의 맨 꼭대기에는 지폐紙幣라는 괴물과 여론을 조작하는 트롤 같은 집단들이 도사리고 있는데, 괴물의 컨트롤이란 마법에 놀아나는 다양한 이론이나 메지지가 멋대로 모든 것들을 지배하면서 요사스럽게 움직여가는 어처구니없는 세상이 되어가는 것이다.

  사람을 움직이는 것은 돈도 권력도 외모도 아니고, 아주 사소할 수도 있는 진심어린 양심이라 하였으니, 마지막 계단이 무너지기 전에 서로가 배려하고 협력하여 바로잡아야 할 기회마저 놓쳐서는 아니 되리라.

  안타까운 최악의 시간이 닥쳐오기 전에 앞장서서 칭찬하고 보살피며, 믿어주고 감사하는 마음으로 솔선수범하여 모두가 건강하고도 행복한 세상이 되었으면 좋겠다는 생각이로다.

그렇게 한 시절을

여행이란 도착하기 위해서가 아니라 여행하기 위해서이므로 인간들도 죽음이란 도착지에 가기 전까지는 생활이란 동반자와 함께 한 시절 시간여행을 하고 있는 것이리라.

이러할까 저러할까, 하루에도 여러 차려씩 변하는 것이 인간들의 생각과 마음이기에 고민과 갈등으로 번민들을 하고 있지만, 양심만은 제자리를 지켜야 할 것이다.

지우고 버리며 없애도 계속 나타나고 생겨나는 근심과 걱정거리들은 어쩔 수없이 생활 속에서 같이 공생하는 동반자이다. 안에서도 밖에서도 근심과 걱정은 만들어지며, 살아야하는 과정이 힘든 것은 삶 자체가 고통이고 애환이기 때문에 지혜롭게 살아가라는 교훈이라고 생각하는 수밖에 별도리가 없다.

좋은 약은 입에 쓰고, 옳은 말은 귀에 거슬린다는 명언이 설 자리가 없을 정도로 귀는 얇고, 입은 엷어서 잠시도 조용할 수가 없을 정도로 흥미진진한 인간들이 살아가는 사회는 버거운 직무와 의무義務 같은 책임도 같이 묶여있는 현상이다.

살아가는 과정에는 좋은 일이든 나쁜 일이든 크고 작은 변수들이 생기는 것들은 사전에 예측할 수가 없는 것이라서 항상 조심하는 것만이 최선이고, 지나친 과욕이 자멸을 초래한다는 것도 과욕에서 오는 오만과 교만이 만들어가는 불손한 처신이 재앙의 근원이기 때문이리라.

　때로는 아는 것들이 고민苦悶이 되기도 하지만, 더러는 모르는 것들이 근심이나 시련을 덜어주는 약이 되듯이 걸림돌이 디딤돌이 되도록 신중하고도 세심하게 살펴야 하는 것이고, 자연에 순응해야 만사萬事가 순조롭다는 이치도 살펴가면서, 인간들의 삶 자체가 자연의 일부라는 것도 잊지 말아야 할 것이다.

서럽게 늙지 않으려면

　　부모를 존경하는 사람은 남을 미워하거나 또는 미움 받지 않을 것이고, 가족을 사랑하는 자는 심술궂거나 오만하지 않는다고 했으며, 부모는 혼자서라도 열 자식을 거두어 살고자 어떠한 수고로움도 본인이 감당해 가지만, 자식들을 열이 되어도 하나 남은 부모마저 모시기 싫어 꼼수를 부리며 서로 미룬다고 하였으렷다. 부모님의 은혜를 외면하는 자들은 본인들 또한 자식들의 보답을 기대하지 말아야 하리라.

　　수고를 강요하면서 탐욕으로 착취搾取하여 쌓아놓은 재물에는 원망과 저주咀呪까지 배어 있기에 재물이라기보다는 요물에 가까워서, 가족끼리 다투고 형제들끼리는 재산을 더 많이 차지하려고 쟁탈전을 벌이는데 불경한 가족들의 비사秘史들로 얽혀서 처참한 광경들까지 만들어가는 이따위 끔찍하고 잔인한 사회가 얼마나 더 망가져야 마무리가 되려나.

　　거짓으로는 지켜낼 수 있는 것들이 없듯이 도리道理에 어긋난 약속은 오래가지 못하고, 욕망으로 얻어진 재물이나 명예는 갖추는 과정過程에서 고통들이 묻어왔기에 원한이 쌓였을 것이므로, 내내 두고두고 근심 걱정 고민에서 절대로 벗어나지 못할 근원根源이며, 더 많은 이들에게서는 지탄의 대상이 되어 지리라.

삼라만상이 존재하는 자연속에서 생로병사, 희로애락, 길흉화복 같은 현상은 인간들에게 주어진 책임과 본분의 제시가 아닌가 싶다.

지금은 젊어도 언젠가는 늙을 사람들아, 늙어서 서럽게 살지 않으려면 효도하는 법을 미루지 말고 지금부터라도 보고 듣고서 배워야 할 것이며, 자식들에게도 도리와 도덕을 철저하게 가르쳐야 할 것이니라.

시간이 지나고 난 뒤에 아무리 후회를 해본들 단 한 가지도 되돌릴 방법도 해결책도 없는 것이다.

그대로 따라서

행동을 바꿀 수 없다면 생각이라도 바꿔라. 보내준 대로 똑같이 돌아올 것이고 생각하는 대로 길이 보인다고 했으렷다.

권리와 책임이 오다가 사라졌다고 해서 선택과 의무를 그대로 지나가도록 한발 물러서면 되는 것으로 착각하면 오산이다.

삶이야 하늘이 준다하지만 행복은 본인들이 추구해야 하는 것 배려와 관심으로 처신을 바로 세워 믿음과 신망으로 풍요豊饒를 만들어가야 하리라.

부모는 땅이요, 자식들은 흐르는 물과 같은 것, 인간들은 보고 들은 대로 따라서 행동하는 가장 잘 진화된 동물이라서 경우와 상식은 기본이 될 것이다. 입고 먹고 배운 대로 도리와 의무는 가족의 혈통으로부터 시작이 되므로 본인들이 부모님한테 하는 만큼 자식들도 보고 듣고 배운 대로 따라서 할 것이다.

우리가 본인들의 자식들을 생산하기위해 저절로 세상에 나온 것이 아니고, 부모가 우리를 세상에 나오게 한 것이거늘 본인들이 자식들한테만 치중置重한다면 자식들도 따라서 그렇게 할 것이로다.

어제는 교훈이고, 오늘은 최선이며, 내일은 예약된 기대이기에 앞으로의 미래는 희망으로 채워나가면 된다.

부모님한테 자식들은 순서만 다를 뿐이지 손가락과 같은 것 그 어떠한 영험함이나 은총이라 할지라도 부모님의 자식들에 대한 정성이나 혼신에는 겨룰 것이 없으리로다.

생명은 부모님한테서 이어받았고, 행복은 본인들이 만들어가는 것. 함께할 가족이 있고 나눌 음식이 있다면, 그곳이 바로 낙원이고 행복의 보금자리이다.

우리의 부모님

 만고萬古 불변의 이치 중에서 도리보다 위대한 것은 없으렷다.

자식들한테 어버이들은 근심 걱정 고민이라는 직업에서 헤어 나오지 못하는 의지의 고질병 환자들이시다. 낳아서 먹이고 입히고 보살펴 키우느라 가진 것 모두를 쏟아놓으시고도 무엇을 더 챙겨주고 싶으셔서 노심초사 근심걱정으로 고생하시면서 또한 혼자서라도 열 명의 자식들을 거두어 살고자 밤과 낮을 가리지 않고 애를 쓰시는 것이 우리들의 부모님들이시다.

가난을 핑계로 바람 부는 방향에 따라서 달라지는 자식들은 하나 남은 부모마저 모시기 싫어 서로 미룬다고 했음이고, 더러의 자식들은 부모를 폭행을 한다든지 멀리 타 지역에 버리기까지 하는 야만적인 못된 짓들을 서슴없이 하고들 있으렷다.

정신은 말짱하지만 몸은 늙어서 생각대로 움직여주질 않는 늙어가는 신체의 구조, 필요 없는 것까지 다 보이고 모두 들리는 것도 스트레스라서, 시각이나 청각이나 조금씩 분별력이 부족해야 노쇠老衰해져가는 몸과 비중比重이 적합한 것이라 하며, 미리 양보하고 사양하시는 모습들 부모님은 모두들 이리 하셨느니라.

서러워도 고통스럽고, 한스러워도 내색을 아니 하시는 우리들 부모님의 심정을 반에 반의반이라도 생각을 갖고 있다면, 미루고 나서 후회하지 말고 처신들을 바로 하도록 하렷다.

부모님의 예속隸屬에서 먹고 입고 성장한 모든 자者들아, 보고 듣고 배운 지식으로 양심 속에 쌓여진 인격이 있다면 최소한 경우와 상식대로는 인간으로서 공경하는 모습과 보답하는 자세는 보여드리도록 노력들을 해야 할 것이다.

부모님과 고별告別을 하고나서, 그리움이 사무치도록 애절하게 생각이 나 후회해봐야 기회가 다시 오지는 않는다.

그만 멈추거라

 어느 날 갑자기 시간이 멈추어 버리고나면 지겨운 고통에서 해방이 될 것이로다.

살기 위해서 먹는가, 먹기 위해서 사는가, 인간들에게 묻노라. 잔인해져야 살 수 있나, 비굴卑屈해야 버틸 수 있나, 더러워져야 살아서 남나, 적응하기가 어려워져만 가는 잡다하면서도 복잡하고도 다양한 이런 사회가 얼마나 더 지속이 되고나서 멈추게 될 것인가.

누구라도 복잡하고 버거우며 힘든 시절을 견디면서 버텨가지만, 천지의 만물이 놀라 자빠질만한 잔인하고도 끔찍한 사건 사고들은 여전히 이곳저곳에서 벌어지고 있는 중이다.

아직 세상에 생명을 얻어서 태어나지 않은 쪽에서는 서둘러 태어나고자 애쓰지 마시구려. 지금 이런 시대에는 무엇으로 태어나도 후회하고 또 다른 후회거리와 마주할 것이로다.

인간이란 위치에서 모든 것들을 지배하며, 유린하기에 계속해서 들려오는 울부짖음이나 이유 없이 죽어나가는 생명체들의 원한이 하늘까지 꽉 채워져 있는 이런 세상에 무엇으로 나와서 어떻게 버텨날 것인가.

내 것 네 것을 친구나 가족이 따로 없이 불구대천의 원수처럼 따져대는 만족을 모르는 인간들은 머리 검은 짐승을 낳아서 괴물로 키워내고는 잔인하게 괴물한테 당하는 참담한 모습들이 이 시대를 살아가는 인간들의 형편이고 현상이다.

본인은 괜찮고, 상대는 안 되는 비상식적인 교만과 오만 때문에 끔찍하고도 참혹한 사건 사고들이 날마다 벌어지고 있는 두렵고도 무서운 이런 세상에서 어떤 것으로 태어나도 온전하게 명命대로 유지하기는 어렵게 되어있다.

언제쯤일까? 상대 쪽에 피해주지 않고, 마음대로 하고 싶은 것들 다하면서 살아가는 그런 시절이나 세상에 나와서 삶을 영유領有하도록 하시게나.

사람人間이라서

사람들은 협동적인 매개체라서 매사에 감사하며 호의적으로 살아가야하는 질서정연한 공동체의 동물이 되는 것도 맞다. 또한 인간은 희망 때문에 목숨을 걸고서 살아가는 선택적인 동물이기도 하지만 희망의 목적이 위험한 곳에 있다면 목숨은 위태로울 수도 있는 것이고, 아무리 많은 것을 갖추었어도 만족을 모르는 것이 인간들의 탐욕이기도 하기에 눈과 귀를 멀게 할 정도의 사욕은 가려서 처신하도록 해야 할 것이다.

대부분의 사람들이 많은 것들을 갖추었다고 해서 하고 싶은 대로하면서 즐겁게 사는 것도 아니고, 가진 것이 없다고 해서 즐거워하지 못하며 사는 것도 아니다.

많은 것은 관리문제나 탐내는 자들의 시선이 모이므로 근심과 걱정이라는 과제가 따르는 것이고, 반대로 가난한 자들은 필요로 하는 것들을 쉽게 해결이 어려우니 그 또한 고민이 따르는데, 가진 자들은 발을 뻗고서 편안한 잠을 못자도 못 가진 자들은 발을 뻗고 깊은 잠을 잔다는 속담이 전해지는 것으로

봐서 심중이 덜 불편한 쪽은 가난한 쪽이 아닌가 한다.

즐거움의 일부는 남들의 고통에서 얻어지는 것이라 했는데 인간들의 심중心中에는 즐거움의 제공자가 본인이 아니라서 다행이라는 안도의 마음일지는 몰라도 그 고통이 본인이라서 다른 자들이 즐거워한다면 어떤 기분氣分 일까도 되새겨 볼만한 대목이 아닌가 하니라.

즐거움은 가끔씩 왔다가 가는 손님이지만 고통은 한번 찾아오면 떠날 생각이 없는 요물이라는 것도 깊이 새겨야할 훈계가 되는 것이고, 편안하고 즐겁게 살고 싶으면 내가 먼저 예의 바르게 처신을 하면서 상대방들의 체면을 알아주는 것으로 시작하는 것이다.

죽는 것보다 고통을 감수하는 것이 더 용기가 필요하다 했듯이 자연이 소환召喚할 때까지는 열심히 살아가는 것이 인간으로서의 의무가 아닌가 한다.

서로가

신뢰란 인간들 사이를 연결하는 아름다운 끈이 될 것이고, 신용은 신뢰를 만드는 에너지가 되는 것이다. 친해지고 싶으면 공통점을 찾고 멀리하고 싶으면 차이점을 찾으라 했는데 칭찬받는 사람은 다른 사람들을 칭찬할 줄 아는 사람이다.

교만은 인격을 파괴하는 마약과 같은 것이지만 겸손은 가벼운 처신만으로도 서로를 편하게 만드는 보배로운 양식이 되렷다.

사람이 아름다운 것은 갖춘 것들이나 외모가 아니고, 따뜻한 마음씨와 너그러운 양심, 그리고는 양보와 보살핌 같은 품성을 표현한 것이며, 상냥하게 배려하는 처신은 어느 누구에게도 따뜻하게 비춰지는 너그러운 모습일 것이로다.

좋게 생각하면 좋은 일이 생기고, 나쁘게 생각하면 나쁜 일이 생긴다는 긍정과 부정의 표현들이 있지만 무시할 수만도 없는 것은 의외의 사례事例들이 많이 나타났기 때문이다. 예쁜 모습은 눈目에다 담고, 멋진 말은 귀耳에다 담으며, 따뜻한 베풂은 가슴에 간직한다고 많은 사람들이 이야기 하듯이 서로가 자신들의 가치를 스스로 깨달아서 자숙하는 처신의 모범을 보이는 것도 예(例)가 될 것이로다.

  관심과 예로서 서로에게 유익한 모범의 사례로 이어질 수 있도록 세심하고 신중하게 처신하여, 인간이 따뜻한 양심과 지능을 가진 아름다운 생명체라는 것을 증명하도록 노력(努力)하십시다.

우리, 그리고 모두가

🌿 잘 하셨습니다.

누구라도 만나서 친절하게 인사하는 예의바른 당신의 아름다운 마음은 들어내지 않아도 저절로 향기와 함께 훈훈하게 피어오릅니다. 당신의 올바른 경우와 상식은 다른 이들을 편안하게 해주는 양식良識이 되고 있어요. 그대의 솔직하고 정직한 행동은 주변의 모든 사람들에게 질서秩序 있는 신뢰와 믿음으로 연결되어 갑니다.

복福은 저절로 따라서 나누어질 것이며, 인연이 닿는 모든 분들에게 감사하는 마음 간직하면서 남을 칭찬하는 자는 사랑받는 사람입니다.

한 시절 견해를 같이해온 많은 분들에게 고맙다는 마음과 정서어린 심정을 통감痛感하면서, 보고 들은 지혜를 함께 나눌 수 있는 배경을 구성構成 하여 나아간다면 상대相對는 내가 지켜가는 지침서가 될 것이고, 나 또한 상대방의 거울이 되어 아름다운 시절로 이어져가는 희망이 보일 것입니다.

고맙습니다.

그리고 감사합니다.

박인홍 여섯 번째 산문집

선과 악의 걸작

초판 인쇄 2025년 10월 31일
초판 발행 2025년 10월 31일

지 은 이 박인홍
펴 낸 곳 도서출판 책나라
등   록 110-91-10104호(2004.1.14)
주   소 ㉾ 03377 서울시 은평구 녹번로 3가길 14,
　　　　 라임하우스 1층 101호
전   화 (02)389-0146~7
팩   스 (02)289-0147
홈페이지 http://cafe.daum.net/sinmunye
이메일   E-mail / sinmunye@hanmail.net

값 13,000원

ⓒ 박인홍, 2025
ISBN 979-11-92271-56-9

* 이 책 내용의 전부 또는 일부를 재사용하려면
  저작권자와 도서출판 책나라 양측과 협의하여야 합니다.
* 저자와의 협의에 의하여 인지를 생략합니다.
* 파본은 구매 서점에서 교환하여 드립니다.